What's up! Good news!

換個說法，就能改變對方的看法

CHANGE ANOTHER WAY TO TALK

看穿人性弱點 厚黑說話術

戴爾．卡內基曾說：
「如果你想要別人接受他們不想接受的要求，只需將這些要求包裝在他們喜歡聽的話語之中。」
確實如此，不論溝通、談判或是推銷自己的想法，想要順利達成目的，
就必須先看穿對方潛藏的心思，然後用對方最喜歡聽的話語，巧妙地傳達自己的意思。
如果你能在言談間看穿對方正在想什麼，便可以透過誘導式的說話方式，
牽引對方往自己設定的方向走。

王照——編著

●出版序●

說話玩些心機，才能順利達成目的

不論溝通、談判或是推銷自己的想法，想要順利達成目的，就必須先看穿對方潛藏的心思，突破對方的心防，牽引對方往自己設定的方向走。

戴爾·卡內基曾說：「如果你想要別人接受他們不想接受的要求，只需將這些要求包裝在他們喜歡聽的話語之中。」

確實如此，不論溝通、談判或是推銷自己的想法，想要順利達成目的，就必須先看穿對方潛藏的心思，然後用對方最喜歡聽的話語，巧妙地傳達自己的意思。如果你能在言談間看穿對方正在想什麼，便可以突破對方的心防，牽引對方往自己設定的方向走。

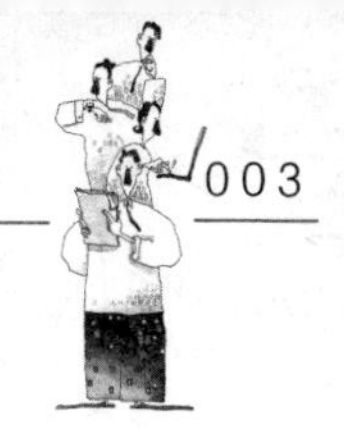

說話就像一把雙面刃，話說得好、說得巧妙，事情可以圓滿順利；說得不好、說得糟糕，則可能激發對方的逆反心理，讓正在溝通的事項變得更加棘手。

因此，你必須學會看穿人心的說話技巧，設法突破對方的心防，並確實運用於每個需要溝通的場合，讓同事、上司、客戶或是交涉的對象成爲最好的助力，而非最大的阻力。

繁忙的人際交往中，人與人之間的溝通對話不可避免。

一個會說話的人，每一句話都能打動人們的心弦，好像具有一種不可知的魔力，操縱著人們的情緒。他的一舉手一投足，嘴裡發出來的一言一語，彷彿都能影響到周圍空氣的鬆弛與緊張。

這種感染的力量是什麼？就是口才。

和別人接觸的時候，有四件事情容易被人用來當作標準，評定我們的價值，那就是我們做的、我們的面貌、我們說的話，以及我們如何說話。

可惜，許多人爲了種種瑣事的繁忙，忘記最重大的事，缺少時間研究他們的「辭藻」，甚至不肯花一分鐘的時間思考如何充實自己的辭句、如何增加辭句的意義，如何使講話準確清晰。

有些人以爲，只要有才幹，即使沒有口才，也可以達到成功的目的。

這種觀念並不完全正確，有才幹並且有口才的人，成功希望才更大。因爲一個人的才幹，完全可以從言語談吐之間充分地表露出來，使對方更進一步地瞭解，並且信任。

人際關係專家畢傑曾說：「如果你想把話說到別人的心坎裡，就必須知道如何利用別人最喜歡聽的話，間接傳達你想要傳達的意思。」

的確，同樣的一件事，用不同的兩種話來表達，最後的結果往往是大相逕庭。如果你可以在事前就知道你想要傳達的人喜歡聽什麼話，然後再用他喜歡聽的話間接傳達你的意見，那麼，對方欣然接受的程度肯定會高出許多。

口才，是生活中應用最普遍也最難能可貴的說話技術。然而，與你交談的對象當中，有幾個長於口才？在日常的談話中，在大庭廣衆的集會中，你遇到過多少使

你滿意的談話對象？曾有多少人，能夠把話說到你的心裡去？恐怕都是屈指可數吧！

不論是面對家庭，還是職場，甚至是整個社會，期望無往而不利，少不了得培養自己的口才，強化自身的說話能力。

不能僅僅是說話，而是要把話說到聆聽者的心坎裡去！

口才是現代社會必備的競爭資本，也是增強人際關係的要素，懂得把話說得更巧妙，懂得把意見滲透到別人心裡，更是商業社會的成功之道。

很多人失敗，並不是敗於實力不濟，而是不知道運用「語言」這項利器。唯有細心研讀並靈活應用語言的魅力，具備良好的說話能力，才能增進自己的各項能力，在商業社會遊刃有餘。

PART 1 活用說話藝術，才能扭轉局勢

命令式的語言、強迫的手段，製止效果都不會太好。碰到突發事件時，只有順勢用巧妙的語言加以引導，才能達到扭轉局勢的目的。

PART 2

想要誘導，需要一些技巧

用誘導技巧說服人，要認真構思，事先把各方面的環節想清楚，談話中又要針對實際情況，靈活應變，才能順利成功。

PART 3

投其所好，談話最有功效

不妨這麼告訴自己：為了成為一個會說話的人，為了達成合乎情理的目的，「投其所好」沒有什麼不可以。

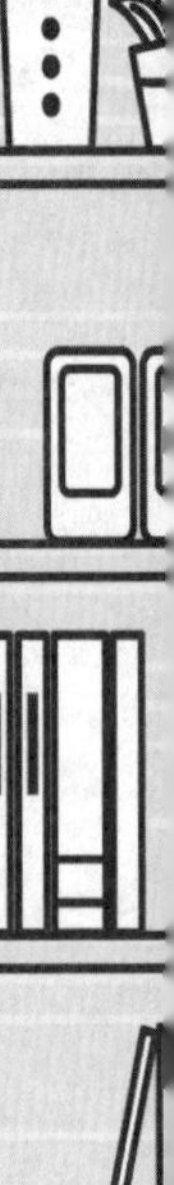

PART 4 適度自誇是高明的說話方法

並不是身處任何場合、從事任何事情都適合謙虛。過度自謙退讓的說話態度，反而容易給人「沒用」的錯覺。

PART 5 摸透人心再開口

說服之前，必須了解對方。付出的心力越大，設想越週密，話就能說得越好，成功的機率自然更高。

期望會說話，先學著少說廢話

諺語是詼諧而有說服力的短句，談話時套用個幾句，有畫龍點睛的效果，但用太多也不好。

PART 7

小小玩笑，學問不得了

幽默是人生的調味，沒有幽默，人際關係必定難以順暢建立。但是，幽默要用在正確的地方，否則可能收到反效果。

PART 8 示弱，助你避開可能的災禍

所謂示弱，說穿了，就是強者在感情上體貼，暫時在某些方面處於劣勢弱者的一種有效手段。

PART 9 會說話，更要會聽話

有良好口才的人，必須同時擁有良好的「耳才」，很會說話的人，同時必須是很會聽話的人。

PART 10 加深印象，更有說服力量

想要讓自己說的話更有說服力，務必要使語意生動明晰，才能深深打動聽者的心，進而獲得不同凡響的效果。

01 活用説話藝術，才能扭轉局勢

命令式的語言、強迫的手段，制止效果都不會太好。碰到突發事件時，只有順勢用巧妙的語言加以引導，才能達到扭轉局勢的目的。

說服是積極溝通的藝術

說服的方法有很多，但主要還是應從考慮對方的合理需要著手，如此雙方才能有共同的語言，才能讓他人接受你的觀點和目的。

人際交往中，免不了會出現矛盾。解決矛盾，一般都透過說服，只有長期說服無效，矛盾日益激化，才會採取強制手段。

說服是一種讓對方同意自己見解、觀點的工作，舉凡傳播知識、治療疾病、商業合作、經濟談判……等等，都離不開說服。即使志同道合的摯友之間，也不可能對所有的事情都完全一致，若要達成一致立場，就要巧妙加以說服。

說服工作應用範圍極爲廣泛。教師、醫生、律師、推銷員、宣傳員、外交官等，天天都在做說服工作，說服人可說是一門積極溝通的藝術。

• 說到點子上

有時候，說服他人並不在於你滔滔不絕，說了多少話，而要看能不能說到點子上，只要一針見血，就能立竿見影，使人口服心服。

大凡能服人的話語都具有以下幾個特點：

首先，要針對性強。一定要找準說服對象的思想癥結，對症下藥，才能產生顯著的說服效果。

其次，要直擊要害。說服之時應該語意明確，語氣懇切，最好能一針見血，讓對方明白利弊得失。

第三，要有震撼力。通常指涉及到重大原則和立場，特別是對方切身利益等問題，一出口必定能震撼對方的心理，促其權衡掂量，做出正確的選擇。

當然，能出口見效的話並不是隨便道來的，必定經過了反覆思索，是語言的精華，是點石成金的思想催化劑。所以，爲了提高說服效果，應下功夫尋找能服人的那幾句話。

不論你要告訴別人什麼事，千萬別一開口就說：「我可以向你保證……」因爲這種口氣給人的感覺，就像是在說：「我懂得比你多，我告訴你的全是實話，聽我的準沒錯。」

這種口吻無異是在挑戰對方，引發他的逆反心理，恨不得設法將你駁倒。如果你眞要推動某件事，千萬別讓人事前有所察覺，而是要巧妙含蓄地在他人不知不覺的情況下進行。要想教人，得做到不讓對方感覺你是在教他。對方不懂的事，也得設法讓他覺得他只是忘了，並非完全不懂。

• 委婉用語

如果某人提出一套你認爲並不正確的論點，也最好別一語道破，而是改換一種口氣說：「對不起！我的看法與你不盡相同。當然，我的看法可能不成熟，如果錯了的話，我很樂於接受你的指正……」

這種委婉的說法，會帶給你意想不到的反應。

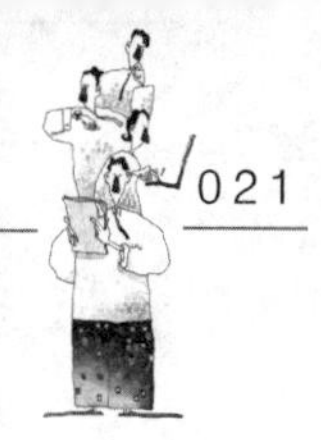

・曉之以理

曉之以理，就是講道理、舉例證，再簡明扼要地分析，把道理說清道明。

複雜的事情，由於涉及多方面因素，必須多層次、多角度開展一系列說服工作，從多方面展開心理攻勢，並以嚴密的邏輯推理，水到渠成地得出結論。

這個結論不宜由自己單方面推斷出來，最好以徵詢的口氣引導對方一起推衍，最後得出結論。這樣才能讓他把你的意見、主張，當做自己得出的答案。

曉之以理，要滿懷信心，爭取主動，先取攻勢；要運用委婉、商討的語氣，切忌盛氣凌人、以勢壓人。否則，只會給說服工作增加難度。

・動之以情

曉之以理，還要結合動之以情，通情才能達理。

牧師在佈道、傳教時，往往以情動人，不露痕跡地對聽眾施加思想影響，讓聽眾不知不覺中接受教義，這就是情感的力量。

對於形象思維強於邏輯思維的青少年兒童，對於多數平日沒有深刻理論思維習慣的人，以事比事，將心比心，運用自身或熟人的經驗教訓，再加上感情色彩濃厚的語言，可以令人感到親切可信，引發情感上的共鳴。

• 衡之以利

所謂衡之以利，就是權衡利弊得失，講清利害關係。有些實惠觀念很強的人，理難以服他，情難以動他，那麼「衡之以利」便是有效的一著。很多時候，實實在在的得失考慮，會讓他趨利避害，接受你的說服。那些明事理、重情義的人，儘管不過於講究實惠，但你仍要設身處地充分考慮到對方的切身利益和實際困難。在這樣的基礎上說服，才稱得上是眞正的通情達理，也更令人心悅誠服。

人生在世，要求生存與發展，必然有各式各樣的正常需要。如果絲毫不考慮對方的需要，雙方就沒有共同的語言，說服就沒有著力點。如果看準了對方的需求，說服無疑會有成效。

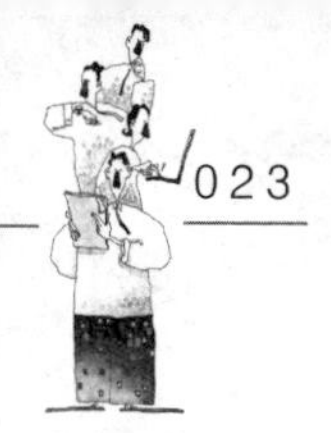

•限定選擇，逼人就範

心理學家做過這樣的實驗，隨機向路人發問：「請問今天是幾號？」實驗對象通常能夠準確無誤地答出日期。但如果改問：「今天是八號還是十八號？」對方就很可能做出發問者預期的回答：「好像是十八號。」

這個實驗顯示，將選擇範圍縮小，用具體的選項「逼迫」對方，對方便會產生「二者必居其一」的錯覺，這在心理學上稱爲「錯誤前提暗示」。從這個實驗我們可以得知，「限定選擇，逼人就範」是一種有效的說服技巧。

有個老人食慾不振，氣色也不大好。兒子幾次要帶他去醫院檢查身體，可老人總是執拗著不願去，說是怕再查出個什麼大病來。

一天吃過早飯，兒子問老人：「今天我休息，要帶你去檢身體，你說是去第一醫院好還是去第二醫院好呢？」緊接著，他又補充說道：「聽說第一醫院設備好，醫生對病人態度和氣。你說，我們去哪家醫院呢？」

「那……我們就去第一醫院吧。」諱疾忌醫的老人，竟在不知不覺中順從了兒子，做出了去求醫就診的決定。

這裡，兒子用的就是「限定選擇，逼人就範」的說服技巧。

當對方難以定奪而猶豫不決之時，要說服他按你的願望去做，最好將「要不要做」這個較難抉擇的問題略過，而直接讓對方考慮「這件事該怎麼去做」，並提供幾個具體方案讓他選擇。

採用這種避實就虛的戰術，可以轉移對方的注意，使他產生錯覺，以爲「要不要做」的問題已不存在，要考慮的只是「怎樣去做」的問題了。一旦他選擇了你提供的方案中的一項，那麼，就可以趁熱打鐵，推促他的行動。

話語靈活，會有神奇的效果

靈活機智地運用一語雙關是一種很重要的口才技巧，不過這也要靠平時的語言積累以及睿智的頭腦才可遊刃有餘。

法國文豪巴爾札克曾說：「言談是衣著的精神部分，用上它、撇開它，就和戴上或摘下裝飾著羽毛的女帽一樣。」

說話是智慧的展現，也是溝通的藝術，並不是說起話來口若懸河就能贏得別人歡心，獲得別人贊同，還需要機敏的才智和靈活的應變能力，才能把話說進對方的心窩裡，讓對方敞開心扉，欣然接受你的說詞。

日常生活中，有些人喜歡開玩笑地揭別人的「短處」，弄得場面十分尷尬。當事人如果默認，會覺得心裡不舒服；如果還擊，一定會鬧得兩敗俱傷，影響自己的形象，又得罪了別人。

怎麼擺脫如此尷尬的困境呢？這個時候，別急著還擊，不妨運用機智的語言來個順水推舟，淡化這尷尬的氛圍，讓雙方留下轉圜的空間。

有時候，自我解嘲也是一種應付之道。這樣的說話方式既不會傷了和氣，又可以讓揭你短處的人識趣而退。如果急著針尖對麥芒地予以還擊，那結果就可想而知了。

在一些特殊環境中，有時會出現一些尷尬的事情，如果你能根據當時的實際情景，靈活地運用語言來處理，反而會有神奇的幽默效果。要是能適時一語雙關，那就更能爲自己加分。

第二次世界大戰期間，英國首相邱吉爾到華盛頓會見美國總統羅斯福，要求美

國共同抗擊德國，並給予物資援助。

邱吉爾受到熱情接待，被安排住進白宮。

一天早晨，邱吉爾正躺在浴缸裡，抽著特大號雪茄煙。

此時，門突然開了，進來的是美國總統羅斯福。邱吉爾大腹便便，肚子露出水面……兩位世界名人在這樣的情形下碰面，實在頗為尷尬。

邱吉爾扔掉了煙頭，說道：「總統先生，我這個英國首相在你面前可真是一點也沒有隱瞞。」

說完，兩人哈哈大笑起來。

邱吉爾這句風趣幽默又語帶雙關的話語，不僅使得雙方從尷尬的情境中解脫，而且藉此機會再一次含蓄地闡述了自己的觀點和目的，意外地促進了談判的成功。

可見靈活機智地運語言是很重要的，不過這也要靠平時的語言積累以及睿智的頭腦才可游刃有餘。

活用說話藝術，才能扭轉局勢

命令式的語言、強迫的手段，制止效果都不會太好。碰到突發事件時，只有順勢用巧妙的語言加以引導，才能達到扭轉局勢的目的。

法國思想家蒙田曾說：「語言是一種工具，通過它，我們的意願和思想就得到交流，它是我們靈魂的解釋者。」

語言既是工具，也是武器，學會把話說進對方的心窩裡，把自己的意見滲透到別人腦海裡，更是現代社會不可或缺的成功之道。

一個數學教師剛走上講台，同學們忽然大笑起來，令他感到莫名其妙。坐在前排的一位女同學小聲對他說：「老師，你的釦子扣錯了。」

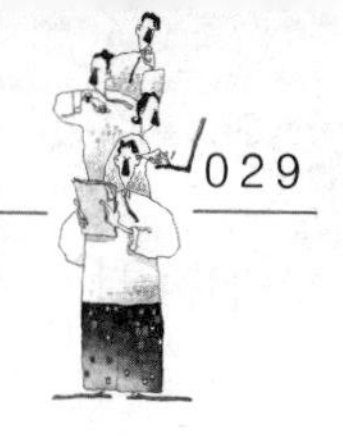

教師一看，果真第四顆釦子扣在了第五個釦眼裡。

場面有些尷尬，隨即這位教師煞有介事地對學生們說：「老師急急忙忙趕著來上課，才會不小心扣錯。這樣匆匆忙忙很容易出錯，昨天有的同學做習題時，就是這樣匆匆忙忙寫錯了。」

這位老師先是解釋釦子扣錯的原因，緊接著又順勢把這意外事件和學生的作業連結起來，指出類似的錯誤，既顯得自然，表達又具體，很快就爲自己解除了尷尬的局面。

一位教師走進教室準備講課時，卻看到學生正興奮討論著昨晚的棒球比賽。

面對這種情況，這位教師沒有命令學生們停止議論，兩三分鐘後同學們談論結束，他也說起自己的感想，並巧妙地將話鋒一轉，進行機會教育。

「昨晚的勝利贏得並不容易，球員們不但為自己，也為國家爭得了榮譽，這全是他們平時不畏艱辛，不斷努力練習所換得的成果。所以，同學們也要學習他們的精神，認真努力學好每一門功課。」

這位老師運用的就是「借風行舟」的語言藝術。他及時地「借」了學生們對棒球熱情之「東風」，恰到好處地加以點撥指引，順勢將學生們的熱情引轉到學業這條船上，不僅很快恢復了課堂秩序，還藉此激勵學生們努力學習。

試想，如果這位教師用命令式的語言表達，雖然也可達到停止議論、保持課堂安靜的目的，但無法使學生的思維從棒球比賽中走出來。

當人的思維朝著一定的方向進行，特別是處於亢奮狀態時，命令式的語言、強迫的手段，制止效果都不會太好。

碰到上述這類突發事件時，只有順勢用巧妙的語言加以引導，才能達到扭轉局勢的目的。

順勢牽連、借風行舟的應急藝術能有效地使人從困境中解脫出來，但必須注意，要「牽」得自然，「連」得巧妙，不能牽強附會，否則會弄巧成拙。

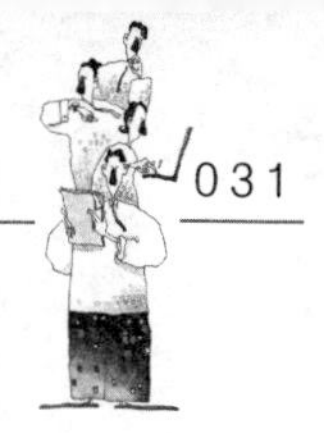

用反諷的方法傳達自己的想法

為了避免直言造成對方不悅，以含蓄、隱晦或反諷的方法，向對方傳達某種寓意著自己真實想法的訊息，也不失為一個妙招。

話中有話是指在一定的語境中，說話者故意在語言中暗含弦外之音，所強調的往往不是表面的意思，而是另有所指。

遇到不便直言或不能直言的情況，不妨採用這種方式，反而更能產生令人意想不到的諷刺效果。

從前有個大富翁，雖然很有錢，卻是個十足的鐵公雞。

有一天吃飯的時候，正好有客人來訪。他把客人留在客廳裡，自己卻偷偷溜到裡面去吃飯。

客人見他這副待客的嘴臉，心中著實不是滋味，便故意大聲地說：「哎呀，真是可惜，好好一座廳堂，許多樑柱卻被蛀蟲蛀壞了！」

主人在裡面聽到了，慌忙跑出來，問道：「咦，蛀蟲在哪裡？」

客人兩眼朝他身上打量一下，回答說：「牠在裡面吃，外面怎麼知道？」

客人的話表面上是說蛀蟲，其實暗指主人，主人心知肚明，但也不便發作。

馬克·吐溫也是善用這種方法的高手，他的文章善於諷刺，充滿諧趣。在現實生活中，他也時常話語犀利，充滿了詼諧的情趣。

有一個為富不仁的大富翁，左眼完全瞎了，無法復明。後來，他花了大把的鈔票，裝了一隻義眼。這隻假眼睛做得維妙維肖，宛如真的一樣。

這位富翁得意極了，逢人便問：「你猜一猜，我的眼睛哪隻是假的？」每當回答者猜錯了，他便喜形於色，得意非凡。

有一回，他遇到了馬克・吐溫，為了炫耀他的假眼睛，又問道：「請你猜一猜，我的眼睛哪一隻是假的？」

馬克・吐溫毫不猶豫，立刻指著富翁的左眼說：「這隻眼睛是假的。」

富翁很不識相地繼續問：「你怎麼知道的？」

馬克・吐溫回答道：「因為從你的左眼中，我看到還有一絲慈悲。」

馬克・吐溫的言外之意是，那位大富翁的眞眼是沒有慈悲的。

有時候爲了避免直言造成對方不悅，而運用各種暗示，以含蓄、隱晦或反諷的方法，向對方傳達某種寓意著自己眞實的想法、態度的訊息，也不失爲一個妙招。

面對挑釁，要保持冷靜

假如對方很明顯是蓄意惹怒你，不妨機靈或幽默地回敬他一句，然後選擇離開，千萬不可大發雷霆，使場面一發不可收拾。

一位青年作家結束了精采的演說，會場裡響起了一陣熱烈的掌聲。

接著，作家開始回答聽眾的問題。只見下面的紙條一張張遞上台去，作家依次從容作答，語言流暢得體。

但是，突然之間，作家看到一張紙條上赫然寫著刺眼的話語：「你的作品只是二三流，為什麼可以刊登在知名刊物的顯著位置上？這是否與你的背景有關呢？」

這分明是故意貶低人的話，作家臉上的笑容一下子消失了，顯得有些尷尬，不知該怎麼辦？

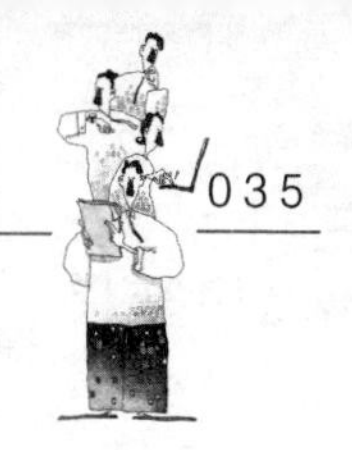

這位作家若是聰明的，可以原文照讀，坦然作答。然而，他卻這樣回答的：「我的作品的發表與我的背景無關。說我的作品是二三流的，那是你的看法，我覺得我的作品不是二三流的。」

作家的自尊心受到了傷害，語氣中透露出幾分明顯的衝動。幸好提問者沒有再次發問，這場小小的「危機」就這樣過去了。

這種情況並不少見，在人際交往中，在毫無心理準備下，突然遭遇詆毀或是批評的時候，你該如何應答呢？

對這種情況，要依具體情形來做分析。

如果對方有道理，你可以直截了當地接受批評：「你說得對！我明白你的意思，下次我不會再那樣做了。」

或者，設法拖延。

由於批評你的人已經製造了一個對他有利的對立形勢，所以在對自己不利的情況下，你可以不必立刻答覆。

「你的意見，我要考慮一段時間，我們明天早上再繼續談吧。」這類話語是較合理的應對方法，而且能使你取得若干程度的控制權。

如果錯誤不在你，你也不要急於反擊。反脣相譏有害無益，那只會造成別人對你的壞印象。

人與人交談時，難免會因一時惱怒而說出氣話，也許對方話一出口就已經後悔，但是因爲你的憤怒反應，使他不甘示弱而與你針鋒相對。因此，判斷對方是無心之語時，不妨較有技巧地應對，讓對方心平氣和，自覺失言。

當然，假如對方很明顯是蓄意惹怒你，不妨機靈或幽默地回敬他一句，然後選擇離開，千萬不可大發雷霆，使場面一發不可收拾。

公然直接羞辱人的語言大都有一個共同點：說話的人很衝動，而且被逼得無話可說。此時，你千萬不能因爲對方的一句辱罵，就變得像他一樣失去理智。

最好的對策是保持冷靜，從容應對。

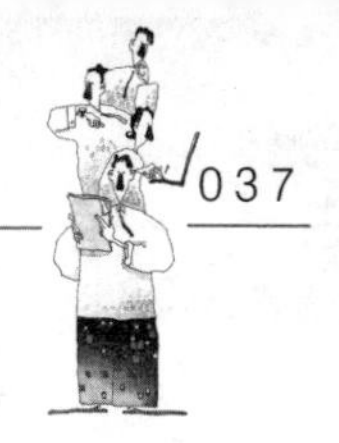

表達歉意不能虛情假意

表達歉意時，一定得發自內心，讓對方感受到自己的誠意，這樣才可以化解對方的不悅，使彼此間的情誼得以穩固長久。

與人交往，不可避免地會說錯話，做錯事，因此得罪人也就在所難免，嚴重時，甚至會給別人造成沉重的精神痛苦和巨大的經濟損失。

對此，我們需要及時認識到自己的錯誤，誠懇道歉，並主動承擔責任。道歉必須及時，即使不能當場道歉，也要在日後找個恰當時機表示歉意。

認錯、道歉必須真心實意，不可找各種理由做過多的辯解，即使確實有非解釋不可的原因，也最好在誠懇道歉之後再解釋，不宜一開口就辯解不休。這樣非但不能得到別人的原諒，反而會擴大雙方感情的裂痕，加深彼此的隔閡。

誠心誠意的道歉，應該語氣溫和、坦誠眞摯，不必躲躲閃閃，更不要奴顏婢膝，一味往自己臉上抹黑。那樣，別人不僅不會接受你的道歉，甚至還會覺得你很虛僞。

有時，沒有錯也需要道歉。例如，由於天氣情況、出乎意料的交通事故等等，讓你未能準時赴約，造成了對方的許多麻煩和損失，也要表達歉意。如果一味找各種理由解釋，雖然對方表面上不會責怪，但內心還是會感到不悅，那就不利於增進友誼。

如果你有求於人，對方盡了最大的努力，但由於受到種種條件的限制，事情未辦成；或事情辦成了，但對方卻因此遇到了超乎想像的麻煩，這時更要表示自己發自肺腑的謝意和歉意。這不但體現了對他人伸手援手的尊重，以後有求於他時，也好再開口。

另外，有一種狀況是，對方不聽勸告，闖下大禍，他本人已經遭受到生命和財產的巨大損失，沉浸在悲痛的情緒之中，此時此刻，你絕不能急於批評對方的錯誤，更不能埋怨他不聽你的勸告。

應該先表示慰問，再對自己沒有積極勸阻表示歉意。以後，再利用適當的時機和場合，共同總結經驗教訓。只要通情達理的人，必會萬分感激，把你當成可信賴的朋友。

虛情假意或形式上的道歉不但無法令別人接受，反而會加深彼此的隔閡，所以道歉貴在眞誠。要向別人表達自己的歉意時，一定得發自內心，讓對方感受到誠意，這樣不僅可以充分展現自己的氣度，更可因而化解對方的不悅，使彼此的情誼得以穩固長久。

道謝也需要一些技巧

道謝需要因人、因事、因時、因地而有所不同，運用各種技巧，才能使施惠者覺得不枉幫你，真正達到你向人致謝的目的。

日常生活中，誰都會遇到困難、麻煩和自己能力不及的事情，需要得到別人的幫助。

得到幫忙和受人益處之後向對方表示感謝，既表達了自己感謝對方幫助，更是對人際關係的深化發展。

一聲真誠的「謝謝」不僅是禮貌用語，也是溝通人們心靈的橋樑。

別人幫忙你，替你辦事，多少總要耗費一些額外的精力，有時還不得不輾轉求人託情，欠下一筆「人情債」。因此在道謝時，一般要用感激及含有歉意的語言來

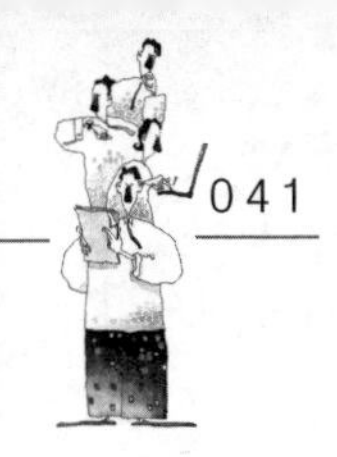

表示自己的衷心謝意，如「眞對不起」、「實在不好意思」、「讓你費心了」……等等。

感謝的話一定要誠懇說出來，接受朋友恩惠或幫忙時，必須適時表達感謝之意的人。

「你送我的那條領帶，我太太看了，一直讚不絕口，到了辦公室之後，連總經理都跑來看呢！」

「眞謝謝你送的禮物，既實用又美觀。」

「上次你幫我設計的封面廣告，大受好評呢！還是你有辦法。」

接受禮物或受人恩惠時，若能即時地表達出自己的謝意，流露的眞切和熱情，肯定會令對方更感欣慰與喜悅。

道謝是爲了表達感激之情，如果反而讓對方因此覺得窘迫，就違背了本意。因此，道謝也須要考慮時間、地點和對方的特點。

要是對方不希望別人知道自己幫了你，你就應尊重對方的意願。如果恰巧在公衆場合遇見對方，就應含蓄致謝，或者藉握手之機，用熱情的力度加上含笑的眼神來表示。或者說有點小事想和他單獨談談，藉此離開人群，找個合適的地方再坦誠相謝。

特地去向對方表示謝意時，應該帶一些禮物。這時，你可以隨口說一句：「一點小意思，不成敬意。」或者說：「隨便買了點小東西，不知道你喜歡不喜歡。」許多人習慣在告辭時這麼說，目的在於避免宣揚，也便於對方接受。

除了向對方道謝之外，有機會也需要在行動上回報對方，因此有必要在道謝時適當地表露這種心意讓對方知道。

你可以說：「需要我幫忙時儘管說一聲。」或是：「希望在適當的時候我能爲你出點力，表示我小小的心意。」

爲了讓施惠者感受到你的感激之情，道謝時必須充分表現出眞心，但道謝的方式並不是千篇一律，一成不變的，需要因人、因事、因時、因地而有所不同，運用各種技巧，才能使對方覺得不枉幫你，眞正達到你向人致謝的目的。

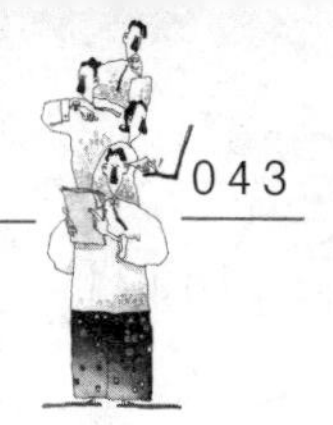

溫暖人心的話語要得體

對遭逢不幸的人來說，適時的關懷與安慰，除了可以讓他們感受到溫暖的情誼外，更是令他們得以面對未來的一股莫大支持力量。

人生的道路往往不平坦，逆境常多於順境，遭遇不幸的事自然難免。身處逆境，面對不幸，當事者本人固然需要堅強，但也迫切需要別人的安慰。安慰遭遇不幸的人，是爲人處世的美德和禮儀。當至親好友遭逢不幸時，應該及時送上真誠的安慰。

遺憾的是，當朋友遇到不幸時，有些人往往不能做出恰當得體的反應，常常說些朋友根本不想聽的話，或者朋友需要時卻避而遠之，或者雖然前去看望卻總說話不得體。

那麼，當朋友遭逢不幸時，怎樣才能使言詞恰當得體呢？

‧真心誠意

美國麻州綜合醫院的一名護理師特里．弗林．馬赫尼，曾照護過數百名愛滋病患者。她說，面對那些絕症患者，很多人找不出恰當的話加以安慰，總是說：「別擔心，你會好起來的。」即使這不符合實際，病人也知道這一點，但他們依然照說不誤。

「去醫院看望病人時，要儘量實際一點，也盡可能積極一點。」弗林．馬赫尼說。「你感覺好些了嗎？」或是：「要我做點什麼呢？」通常是比較合適的問話。對方會明白你在關心他，隨時準備幫助他。

‧避談自己

前去看望身遭不幸的朋友時，請牢牢記住，你是去提供幫助、表示關心的，因此要多多注意對方的感情，不要以自己爲中心，老是你自己的類似經歷。

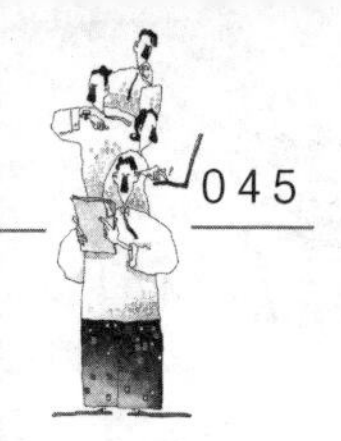

你可以說：「我也碰到過這種事。」或者說：「我能瞭解你現在的心情。」但不應該說：「我母親去世時，我整整一個星期都沒有吃飯。」

對待磨難，每個人都會有自己的方式，不要把自己的處事態度強加給感受並非與你一樣的朋友。

・不要說憐憫的話

安慰他人應該語氣低沉不乏力量，儘量不當面說「可憐」、「不幸」等詞語。憐憫的話語，只會令人更加悲傷，而且把「可憐」、「不幸」等詞掛在嘴邊，會讓對方覺得你是在欣賞和咀嚼他的痛苦。

對於有強烈自尊心的人，不管處境多麼不幸，憐憫都是一種變相的侮辱，只會刺傷他們，激起他們的反感。對於老幼病殘者來說，單純的憐憫也只會讓他們沉溺於悲痛和絕望，無法振作精神，堅強起來。

・身患重病者

探望身患重病的不幸者，不必過多談論病情，有關的醫療知識，醫生會交代和說明，無須你再多言。

如果對方本來就背著重病的精神包袱，你頻頻提及，勢必會加重對方的精神壓力。應該多談談病人關心和感興趣的事情，轉移對方的注意力，減輕精神負擔。如能儘量多談點與對方有關的喜事、好消息，使他精神愉快，心情開朗，更有利於早日康復。醫生用來治療身體的藥物，親友送去溫暖人心的情感，都是治療重病必不可少的良藥。

• 事業受挫者

對於胸懷大志卻在事業上屢遭挫折、失敗的人，最需要的是對他強烈事業心表達理解和支持。對於他們，理解應多於撫慰，鼓勵應多於同情。

不必勸慰對方忘掉憂愁、痛苦，更別說服對方放棄理想、追求。最好的安慰就是幫助對方總結經驗教訓，分析面臨的諸多利弊，克服灰心喪氣的情緒，樹立積極的信念。

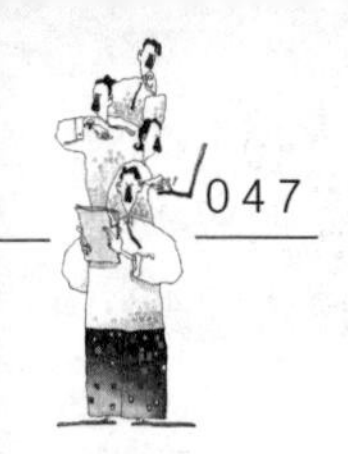

・失去親友者

失去親人時，心情悲痛，最需要別人的撫慰。安慰喪親的人，不要急於勸阻對方慟哭。強烈的悲痛如巨石積壓在心頭，愈久愈重，不吐不快，讓這些情緒發洩、釋放出來，反而有利於較快恢復心理平衡的狀態。

弔喪時可以適當地提問一些問題，讓親屬們可以傾訴心中積鬱。

那麼，該如何問呢？

問問死者臨終時的情況，問問死者生前治療的情況；假如是交通事故、工傷等意外死亡，則可問問事故的詳情。或者，問問家庭經濟有無困難，問問死者後事的安排等等。

如果時間允許，還可以和死者家屬一起回顧死者生前的種種。你應當注意傾聽對方的回憶、哭訴，並多談談死者生前的優點和貢獻，以及對他的敬仰和懷念等等。

奧維德說過：「用語言來減輕悲傷是很有效的。」

對遭逢不幸的人來說，適時的關懷與安慰，除了可以讓他們感受到溫暖的情誼外，更是令他們得以面對未來的支持力量。

安慰他人時的語言不需要冗贅，若能切中要點，有時短短的一兩句話，同樣可以達到溫暖人心，讓他人忘卻痛苦與煩憂的效果。千萬不要吝於付出你對他人真誠的關懷。

02 想要誘導，需要一些技巧

用誘導技巧說服人，要認真構思，事先把各方面的環節想清楚，談話中又要針對實際情況，靈活應變，才能順利成功。

即使說「不」，也要顧及對方的面子

千萬要記住，反對別人時態度要委婉一些，既不要傷害他人的自尊心，也不要使他人感覺屈服或難堪。

反對他人的意見和觀點，是一般人最覺得頭痛的事，因爲反對不得法，硬著頭皮說「不」字，可能會使他人對自己不滿，甚至懷恨在心。誰也不願意看到這種局面，那麼有沒有辦法避免這些困擾呢？

其實，反對也是有秘訣的，反對得法，對方便會心悅誠服。當然，這必須具備婉言反對的本領了。

相同的話語，有時候只要調整移一下順序，調整一下說話語氣，或者換個形容方式，就會達到截然不同效果。

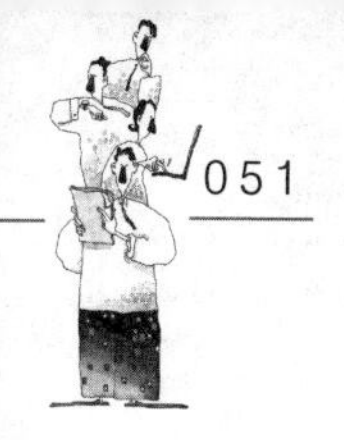

美國一家貿易公司的經理設計了一個商標，開會徵求各部門的意見。

經理說：「這個商標主題是旭日，象徵希望和光明。同時，這個旭日很像日本的國徽，他們國內人民見了一定樂於購買我們的產品。」然後，徵求各部門主任的意見。

營業部主任和廣告部主任都恭維經理構想正確，最後輪到代理出口部主任出席的年輕職員表示意見。

他說：「我不同意這個商標。」

全室的人都瞪大眼睛看著他。

「怎麼?你不喜歡這個設計?」經理吃驚地問。

「我倒不是不喜歡這個商標。」年輕職員勇敢地回答。其實，從藝術觀點看，他確實有點討厭那紅圈圈，但他也明白和經理辯論審美觀不會有什麼效果的，所以又說：「我就是怕它太好了。」

經理笑了起來，「這話倒使我不懂，你解釋看看。」

「這個設計鮮明而生動自然，毫無疑問，因為與日本的國徽相似，無論哪個日本人都會喜歡的。」

「是啊，我的意思正是如此。」經理不耐煩地說。

「不過，我們在遠東還有一個重要的市場，那就是中國。中國人看到這個商標，也會想到這像日本的國徽，心中可能會有排斥感。照公司的營業計劃，是要擴充對中國貿易，但這樣一個商標做成之後，恐怕會顧此失彼。」

「天啊！我倒沒有想到這一點，你的話對極了！」經理幾乎叫了起來！

這位職員如果也和其他人一樣對經理唯諾從命，讓旭日做成商標，將來產品銷到遠東之後，萬一銷售不佳，他能擺脫責任嗎？

要向一個人表示反對，必須要有充分的理由，更要說得使他完全信服，所以技巧的運用不能不講究。

那位職員說「不」時就很委婉，先用「我就是怕它太好了」的恭維話語撫平經理的不悅，不致使他失去顏面，後來陳述了更充分的理由，經理便不會因此而覺得難堪。

千萬要記住，反對別人時態度要委婉一些，既不要傷害對方的自尊心，也不要使他感覺屈服或難堪。

學習這種委婉反對的方法，要注意下列的規則：

你應該向對方解釋自己反對的理由。

反對的言詞最好用對方容易理解的暗示，不可游移。

不要把責任全推在對方身上，含糊其詞。

注意不傷害對方的自尊心，要讓對方明白你的反對是就事論事。

想要誘導，需要一些技巧

用誘導技巧說服人，要認真構思，事先把各方面的環節想清楚，談話中又要針對實際情況，靈活應變，才能順利成功。

面對不同的景況和不同的交談對象，運用最正確的說話態度和技巧，往往可以幫助我們快速達成目的。相反的，如果無法掌握說話藝術，不知運用誘導的技巧，非但徒費唇舌，還可能衍生不良後果。

誘導，就是循序漸進引導對方思考，讓對方按照你希望的方向前進。以誘導技巧說服對方，儘管會多費一點口舌，但若能使對方心悅誠服，這些口舌也就很有價值了。

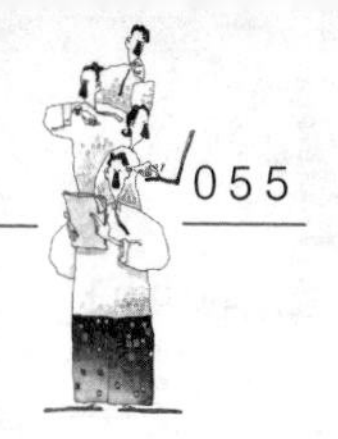

戰國時，秦國大兵進犯趙國，趙國請求盟國齊國出兵解圍，但齊國一定要趙太后最寵愛的小兒子長安君做人質才肯出兵。

趙太后捨不得兒子，不肯答應，於是文武大臣輪流勸諫。趙太后生氣了，揚言誰再勸諫，就吐誰一臉口水。

這時候，觸龍出馬了。他先問候太后身體是否安康，飲食是否稱心，然後說，這次來見太后，是希望太后答應讓自己的小兒子出任宮廷侍衛，以免自己死後沒有人照顧他。

太后笑著問：「男子也疼愛自己的孩子嗎？」

觸龍說：「男子疼愛自己的孩子勝過婦人疼愛自己的孩子。」

太后反駁道：「還是婦女更疼愛自己的孩子。」

觸龍又說：「我覺得妳疼愛自己的女兒勝過長安君。」

太后笑著說自己疼愛長安君多一點。

觸龍則說道：「公主出嫁的時候，妳抱著她哭泣，平日裡妳也很想她，但妳還是祈禱妳的女兒不要回來，為什麼呢？是希望讓公主能在異國開枝散葉，子孫世代為王。妳為公主考慮得很長遠，為長安君考慮得卻很短淺。一旦妳去世了，長安君一點功勞也沒有，如何在趙國立身呢？」

太后聽到這裡，明白了觸龍的意思，馬上說：「我這就為長安君準備車馬，讓他去齊國。」

在這裡觸龍採取的方法就是誘導。

誘導技巧的關鍵在「誘」字，立足在「導」字。要誘得巧妙，導得自然，應做到以下幾點：

首先，要有目的地誘。

談話之時要有明確的說服目的，層層推進所有的誘導內容，都爲達成最終目的。觸龍的鋪陳，目的就是讓趙太后答應讓長安君去齊國做人質。

其次，要有步驟地誘。

既有整體設計，又有分步計劃，每一步怎樣誘導，怎樣發問，談話前都要經過深思熟慮。這樣才能環環緊扣，步步深入，最後讓矛盾突現，誘使對方在無法解決的矛盾面前自我否定。觸龍就是先一步步瓦解趙太后的戒心，把趙太后引到自己的圈套中來。

第三，要有預料地誘。

每步誘導中，對方會怎樣講，可能有幾種講法，怎樣隨機應變，都要有所預料，這樣才能使自己的誘導不變成「啞炮」，一個人唱獨角戲。要誘導出對方的思路，就要預先做通盤打算。

總之，用誘導技巧說服人，要認眞構思，事先把各方面的環節想清楚，談話中又要針對實際情況，靈活應變，才能順利成功。

看準機會再說話

把握說話時機非常重要，這個過程需要充分的耐心，也需要積極進行準備，等待條件成熟，但絕不是坐視不動。

孔子在《論語．季氏》裡說：「言未及之而言謂之躁，言及之而不言謂之隱，不見顏色而言謂之瞽。」

這句話有三層意思：

一是不該說話的時候說了，叫做急躁。

二是應該說話的時候卻不說，叫做隱瞞。

三是不看對方的臉色變化，貿然信口開河，叫做閉著眼睛瞎說。

這三種毛病都是沒有把握說話的時機，沒有注意說話的策略和技巧。

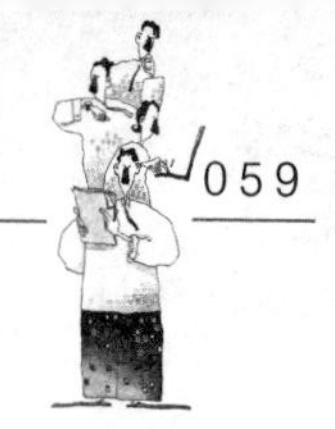

因爲說話是雙方的交流，不是單方面行爲，要受到諸如說話對象、設定時間、周邊環境等種種限制，所以說話要把握時機。如果該說的時候不說，時機轉瞬即逝，便失去了最佳契機。

同樣的，如不顧說話對象的心態，不注意周邊的環境氣氛，時機不對卻急於搶著說，很可能引起對方的誤解，甚至反感。

如果信口開河，亂說一通，後果就更加嚴重。

戰國時，楚王的寵臣安陵君能說善道，很受楚王器重。但他並不遇事張口就說，而是很講究說話的時機。

有一天，一位名叫江乙的朋友對安陵君說：「你沒有一寸土地，又沒有至親骨肉，然而身居高位，享受優厚的俸祿，國人見了你，無不整衣跪拜，無不接受你的號令，為你效勞，這是為什麼呢？」

安陵君說：「這是大王太抬舉我了，不然哪能這樣？」

江乙不無憂慮地指出：「用錢財相交的人，錢財一旦用盡，交情就斷了；靠美色相交的人，色衰則情移。因此，狐媚的女子不等臥蓆磨破，就遭遺棄；得寵的臣子不等車子坐壞，已被驅逐。如今你掌握楚國大權，卻沒有辦法和大王深交，我暗自替你著急，覺得你的處境太危險了。」

安陵君一聽，恍然大悟，於是畢恭畢敬地拜問江乙：「既然這樣，還請先生指點迷津。」

江乙說：「希望你一定要找個機會對大王說：『願隨大王一起死，以身為大王殉葬。』如果你這樣說了，必能長久地保住權位。」

安陵君說：「謹依先生之言。」

但是，過了很長時間，安陵君依然沒有對楚王提起這話。

江乙又去見安陵君，問道：「我對你說的那些話，你為何至今不對楚王說？既然你不用我的計謀，我就再不管了。」

安陵君急忙回答：「我怎敢忘卻先生的教誨，只是還沒有合適的機會。」

又過一段時間，機會終於來了。

這天，楚王到雲夢打獵，一箭射死了一頭狂怒奔來的野牛。百官和護衛歡聲雷動，齊聲稱讚。楚王也高興得仰天大笑，說道：「痛快啊！今天的遊獵，寡人何等快活！待寡人萬歲千秋之後，你們誰能和我共有今天的快樂呢？」

此時，安陵君抓住這個機會，淚流滿面地走上前說：「臣進宮與大王同共一蓆，出宮與大王同乘一車，如果大王萬歲千秋之後，臣願隨大王奔赴黃泉，變做蘆草為大王阻擋螻蟻，那便是臣最大的榮幸。」

楚王聞言，大受感動，對他更加寵信了。

這件事說明，把握說話時機非常重要，過程需要充分的耐心，也需要積極進行準備，等待條件成熟，但絕不是坐視不動。

《淮南子．道應》云：「事者應變而動，變生於時，故知時者無常行。」

安陵君的過人之處，便在於他有充分的耐心，能夠等待楚王歡欣而又傷感的那個時刻到來。此時，趁機動情表白，感人肺腑，愉悅君心，終於受封，保住了長久的榮華富貴。

打發別人需要一些技巧

對那些遲鈍的客人，可巧妙地轉移一下地點，或借用對方的話題順勢說出自己還有其他事情，如此便可化解尷尬的處境。

日常生活中，我們常會遇到這類尷尬的情形：當朋友來找你時，你正好有緊急的事情必須外出處理，但他卻不識時務賴著不走。這時，你千萬不可直接下逐客令，要技巧性地加以提示，才不會傷了彼此的感情。

有一回，小敏家裡來了一位客人，坐在客廳裡一直聊，無意離去。小敏還有其他事情要做，屢次暗示客人，但是那位客人還是「執迷不悟」。小敏無奈之中心生一計，對他說：「我家的菊花開得正旺，我們到園子裡去看看怎麼

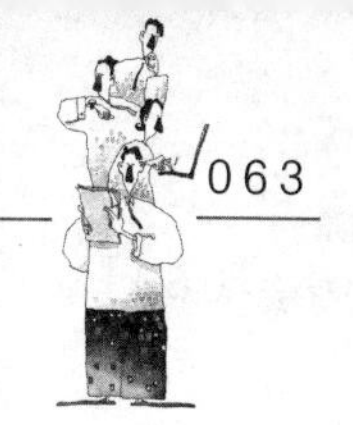

樣？」

客人欣然而起，於是小敏陪他到花園裡去觀賞菊花。

看完後，小敏趁機說：「還去坐坐嗎？」

這時，客人看看天色，恍然大悟地說：「不了，不了，我該回家了。」

晚飯後，幾位年輕人去拜訪某教授。談到夜深，教授接著其中一個人的話題說：「你提的這個問題很值得研究，明天我去A城參加一個學術會，準備就這個問題找幾位專家一塊聊聊。」

幾位年輕人一聽，立刻起身告辭：「很抱歉，不知道教授明天還要出差，耽誤你休息了。」

面對久坐不走的訪客，如果你正有其他事情要處理，該怎麼辦呢？

你不妨採取一些巧妙的暗示。諸如看看鐘錶，或者隨意地問他忙否？然後再告訴他你最近都很忙。

一般而言，稍微敏感點的客人聽了這話，肯定就會起身告辭。但若是遇上遲鈍的客人，對你的言詞「無動於衷」，不妨巧妙地轉移一下地點，像上述小敏的「調虎離山」就頗爲適用，這樣既維護了彼此的情感，又不至於讓自己的事情拖延，實在兩全其美。

至於上述那位教授打發人的技巧，就與特定的交際場合、對象、自身的身分相稱，實現了和諧的溝通。

試想，如果直言改日再談，雖可以達到辭客的目的，但卻易置對方於尷尬的處境，也有失教授慈祥和藹的形象。

有些話雖然是誠意的，但也不能毫無遮攔地脫口而出，那會讓對方誤解你的意思，從而引起不必要的誤會。

當然，對那些很熟悉的朋友，就用不著那麼煞費苦心了，你可以直接地告訴他，你還有事要做，不能久陪了，他就會諒解你。

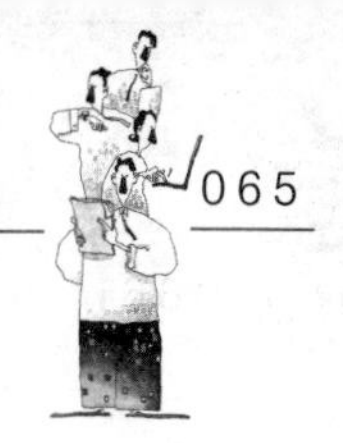

要說服父母，先摸清他們的心理

從父母都期望子女好這一點出發，再針對不同的問題，選擇不同的方法，製造於己有利的情勢，如此就能輕易說服父母同意你的觀點。

許多子女與父母有代溝，再加上雙方缺乏交流的藝術，造成經常產生摩擦。偏偏長輩大多固執，後輩又執拗，當大家都覺得自己才是正確的時候，往往靠爭辯來解決問題，這就更加激化了彼此間的矛盾。

在這種情況下，如何說服父母，就需要一定的技巧。說服父母是一種特殊的交流和溝通過程。

•讓彼此的關係更和諧

獻殷勤，不是虛情假意，而是要用誠懇、禮貌的態度孝敬父母。或許父母有許多缺點，可做兒女的應該眞心實意地愛他們，關心他們的健康，爲他們分憂解愁。

需要提醒的是，當父母問你什麼事情時，一定要耐心、認眞地正面回答或解釋，這樣一定會讓彼此的關係更加和諧。長輩總想更多地瞭解晚輩的生活，你只要耐心地陪著他們就足夠了。

人與人之間應該互相尊重，子女對父母更應該如此。這種尊重，很重要的一個方面就是經常向父母請教和商量問題。即使知道父母和自己的觀點並一致，也不妨做做樣子，至少能讓他們心情愉快。

・利用類比講明道理

在說服過程中，可以巧妙地把父母的經歷和自己目前的狀況做類比，以求得他們的理解。

有一位大學畢業生想到外地工作，家長不同意，他這樣找理由說服父親：「爸，我常聽你說，你十六歲就離家到外地上學，自己找工作，獨自奮鬥到今天！我現在

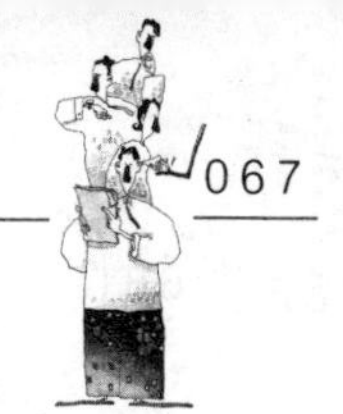

比你當時還大兩歲呢，我是受你的影響才這樣決定的，我想你會理解和支持我的。」

這樣一來，兒子成功地說服了父親，父親不再堅持自己的意見。

一般情況下，做父母的都認爲自己有輝煌的過去，免不了以這些經歷教育子女。對於已成年的子女，如果要幹一番事業但受到父母的阻撓時，不妨拿他們的經歷進行類比，這樣有很強的說服力。

• 以父母的期望作為自己的旗幟

父母對子女的未來都寄予厚望，望子成龍是他們夢寐以求的，而且在日常生活中，常常教導子女將來要做一個有作爲、有成就的人。說服他們時，只要你提出的意見與他們的目標一致，就可以當作有力的武器。

有一位剛畢業的年輕人在一家公司找到工作，但父親不同意他的選擇，託人給他在一家大公司安插工作。

這個年輕人對父親說：「這家公司我瞭解過了，很有前景，生產的是高科技產品，和我學的專業很相符。再說，大公司雖然好，可是人才濟濟，我到那裡要想幹出一番事業，恐怕機會不多。可是，在這個公司就不同了，我去那裡，總經理馬上讓我負責整個技術部門的工作，這是個很好的機會。我從小就依靠你們，沒有主見，我現在長大了，這個決定是我自己思考決定的。我想你一定會支持我的。」

聽到這裡，父親還能說什麼呢？

一般說來，父母很注意自身的尊嚴，對過去說過的話不會輕易失信，而且會及時兌現。所以，在說服他們時，可以適當利用這種心理，用他們的話來增強力道，很容易就會成功。

‧發揮堅決的態度的震撼力

子女在說服父母時要表明堅決態度，讓他們明白自己的選擇是慎重的，是下了決心的，即使決定錯了，也準備獨自承擔責任。

這種堅決的態度具有柔中寓剛的作用，父母看到子女的主見和責任感，通常就不會再堅持己見。

最後，必須指出的是，如果發現自己的意見不正確，應該及時改正，聽取、採

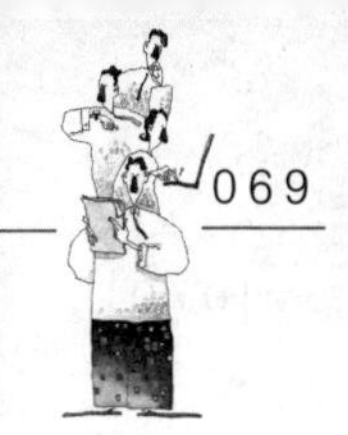

納他們的意見。當然，這同樣也需要勇敢和理智。

雖說因觀念上的差異，父母無法與子女有相同的見解，但所有父母愛護子女的心一樣的。

所以，只要能從這一點出發，再針對不同的問題，選擇不同的方法，製造於己有利的情勢，那麼要說服父母同意你的觀點，並非多麼困難的事。

別讓言詞傷了孩子的自尊心

為人父母，言行一定要非常小心謹慎，尤其是在對孩子說話時，更要注意避免說一些會造成小孩負面心理的言語。

父母與孩子的關係雖然親密，但對孩子說話時也不能隨隨便便。因爲，孩子與父母在年齡、閱歷、心理等方面存在著很大的差異，如不注意這點，對孩子說一些不該說的話，勢必不利於孩子的健康成長。

父母是孩子的第一任老師，父母的言行無時無刻潛移默化地影響著孩子。因此，父母在與孩子交談時更應注意自己的措詞。

父母對孩子說話時要有所忌諱，概括起來，主要有以下幾點：

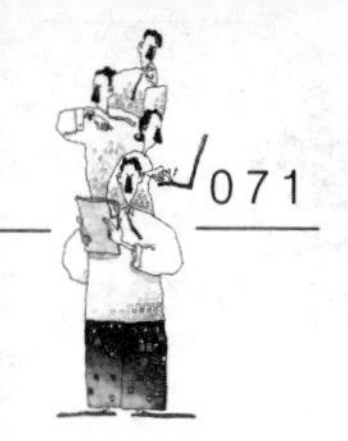

• 忌說損傷話

有些性格急躁的父母恨鐵不成鋼，動輒損罵孩子，常說「你這個笨蛋」、「一點出息也沒有」、「活著幹什麼，還不如死了」……等等話語，孩子耳濡目染，身心定會受到創傷。

「你怎麼不像你姐姐？她每門功課都拿滿分！」這樣的話語，無疑會把孩子的自尊心破壞殆盡。許多家長都沒意識到自己說這種話，正給孩子製造自卑、不安的情緒。

「是啊，爲什麼我不能像她一樣？父母不喜歡我了。」他的反應往往是：第一，覺得遭到了貶黜，一無是處甚至沒有希望；第二，擺脫人見人愛的姐姐；第三，爲沒人喜歡自己而憤憤不平。

這時，更爲恰當的表達方式是：「我知道你擔心你的成績不如姐姐好。我要你記住：你們各有所長，各有惹人疼愛的優點。」

• 忌說嚇唬孩子的話

「如果你不立刻跟我走，我就把你一個人丟在這裡！」

你眞會這麼做嗎？

孩子當然希望你不會當眞，因爲小孩子最怕單獨待在一個陌生的地方。但是，當他聽多了類似的威脅，就會充耳不聞了。

這種情形往往發生在公共場所，一旦你失去控制，孩子就贏了。較有效的方法是，當他講不聽話時，馬上把他抱起來。這樣，他就會明白你不允許他在公共場所胡鬧。

• 忌說命令話

有些父母喜歡在孩子面前耍威風，也有些家長一味限制孩子，什麼都不准，說話就是下禁令。

例如：「放學後不許與同學玩，不許到同學家，不許把同學帶到家裡。」「你每天除了讀書，別的什麼也不許做。」

終日生活在命令中，孩子只會變得遲鈍，沒有創造力。

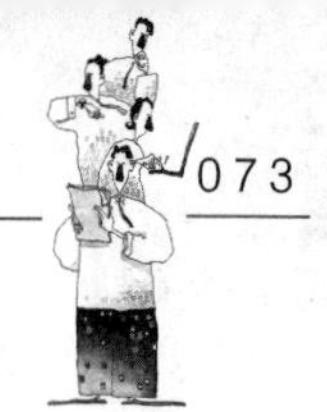

・忌說氣話

有些缺乏修養的父母，稍不順心就拿孩子出氣。在家沒好臉色，說話沒好口氣，令孩子不敢接近，又躲避不了。

例如：「去去去，滾一邊去！」「不要說話，給我裝啞巴！」

孩子有時問點事情，也沒好氣地說：「不知道，別問我！」「一直問，到底有完沒完啊……」

這些使孩子橫遭冷落的氣話，是父母應該忌諱的。

・忌說侮辱話

有些不瞭解孩子心理的父母，發現孩子行爲「不端」，就認爲大逆不道，不是冷靜地弄清情況，而是憑主觀臆斷，說什麼「你這個不要臉的小畜生」、「小流氓」……

就算是文雅的父母，有時也有旁敲側擊、指桑罵槐的現象，弄得孩子反駁也不是，解釋也不是，只好委屈地忍受著。

有傷孩子心理的話，正是父母與孩子交往時應該忌諱的。

• 忌說埋怨話

當孩子犯錯誤之後，會感到很無助，「我怎麼會這樣？我眞傻。」此時，他會後悔當初沒聽從父母的話，如果這時父母說：「我早就跟你說過會這樣。」轉眼間，孩子的無助就變成了自衛。

出於反抗母親輕蔑的語氣，出於擺脫自視蠢笨的自卑，他會開始辯解。要嘛在絕望中屈服，要嘛在憤怒中反叛，兩樣都不利於孩子成長。

較好的表達方法是，對他說：「你試過自己的方法了，可是沒成功，對嗎？眞爲你難過，我也是這麼過來的。」

• 忌說欺騙話

有些言行不一的父母，常常隨口哄騙孩子：

「聽媽媽話，明天給你做好吃的、買漂亮衣服。」

「好好唸書，考完帶你去玩。」

這些話不實現，久而久之，孩子就再也不信了。這種隨口說說的話，比沒說的後果還壞。

• 忌說寵愛話

有些父母太過溺愛子女，常常說「你是媽媽的心肝寶貝」、「你要什麼都買給你」……之類的言詞，這些話容易讓孩子養成驕縱心態及各種壞毛病，應該立即改正。

爲人父母，言行一定要非常小心謹愼，尤其是在對孩子說話時，更要注意避免說一些會造成小孩負面心理的言語。

談話技巧決定感情發展

初次見面時應表現的大方一點，在自我介紹之後，可先聊些閒話，以尋找一些雙方都熟悉或感興趣的事為話題。

和情人交談當然需要技巧，因爲這將決定你們以後的感情發展。學會了和情人交談的技巧，可以把豐富的思想、微妙的心聲用語表達出來，和對方的思想、情感碰撞，擦出愛情的火花。但是，這是一門複雜的學問，也是一個難題，正如戀愛沒有固定的模式一樣。

•和「搭橋式」戀人交談

一般來說，經人介紹才彼此認識的雙方，大多是些戀愛無方、性格較內向的

人，所以赴約相見的時候特別容易忐忑不安。但是，想在對方心中留下美好印象，初次見面便不能顯得羞羞答答，更不應木訥寡言，而應該落落大方，主動啓齒。

如何展開交談呢？

先談些閒話，例如天氣、交通狀況、周遭環境……等等，然後轉入正題，適度地自我介紹一下，諸如年齡、學歷、工作、脾氣、嗜好、家庭狀況，以及對未來的抱負等等。

接下來，說些雙方都熟悉的或感興趣的事。

對於感情方面的表白，可委婉、含蓄些，留下一些迴旋餘地。交談的內容必須注意對方的理解能力和接受能力，不然，對方就難以明白你的意思，甚至產生不必要的歧義。

如果覺得自己喜歡對方，那麼，就可直言不諱地說：「我覺得今天與你認識很愉快，你呢？」

如果雙方或一方需要有待進一步認識和考慮，那你可以說：「我希望我們的談話以後能繼續下去……你有這個意思嗎？」

如果雙方或一方感到不滿意，可以委婉地表示：「讓我們都愼重地考慮考慮吧……」或者說：「我將徵求我父母的意見……」以此作爲托辭，努力避免不滿情緒的流露，保持交往的禮儀，互相尊重。

• 和「一見鍾情式」的戀人交談

俄國詩人普希金的長篇小說《葉甫蓋尼．奧涅金》中，女主角達吉雅娜是個樸素熱情、富於幻想、熱愛自然的女孩，她見到男主角奧涅金後就立即愛上了他，並大膽地寫詩向他表白，詩中寫道：

我知道，你是上帝派到我這裡來的，你是我的終身的保護者……

你在我的夢裡出現過，雖然看不見，你在我面前已經是親愛的……

達吉雅娜見到奧涅金，眞可謂是「一見鍾情」。

平時人們所說的「一見鍾情」的愛戀，是由雙方的直覺感官產生的，是由對方的形象、印象引發的，如外貌、風度、言談……等等，男女雙方的「情」就產生於「一見」之際。

由於人的個性不同、職業各異、文化修養和氣質有別，因此和一見鍾情的戀人進行第一次交談，並沒有固定的模式，表達方式、言談內容都不盡相同。

但整體的原則是：在理想上要談得遠些，在學識上要顯得渴求些，在心靈上應流露得美好些，在感情上要表達得豐富些，在語氣上要表現得謙虛些，在情態上要表現得誠懇些，在情愛上要表達得含蓄些。

如能這樣，和戀人的初次交談定能立於不敗之地。

你的說法,會改對方的看法

談戀愛時,難免會發生一些使對方不愉快的事情,但如你善於說話,就會因一句話說得對,而改變對方的看法,巧妙的化解危機。

愛情是甜美的,愛情之花需要用甜蜜的話語來澆灌。甜言蜜語是指發自肺腑的愛慕、讚美和尊重對方的言談。

男女開始戀愛時,雙方都成爲新的、特殊的角色,有著與衆不同的心理狀態,都把對方的讚美視爲幸福。甜甜的話語,能使愛情之火燃燒得更加旺盛。

首先,要多用讚美之詞。

戀愛時,如果不善於讚美戀人,就很難獲得對方的好感,更難得到對方的愛

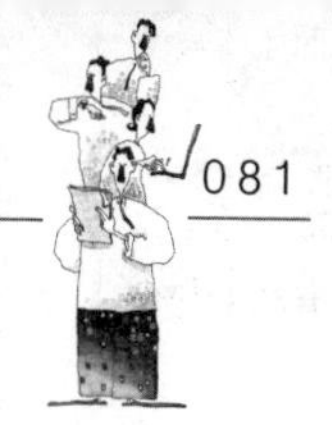

情。在戀人心裡，讚美如優美動聽的音樂，悅在耳畔，醉在心中；如五月明媚的陽光，像詩一般浪漫。

不失時機的當面讚美固然重要，不過，背後讚美有時也會發揮意想不到的效果。生活中，只要你能細心觀察，讚美之詞是不難找到的，例如：「妳對這個問題的看法，很有新意。」「這種髮型與妳的臉型很相配，非常好看。」「這樣再合適不過了！」

其次，交談時多用禮貌語言，多採用徵詢語氣，會使對方感到很受尊重。除了讚美，戀愛時雙方互相尊重，也能使感情更爲融洽，例如：「妳看這樣行不行？」「我想請妳看電影，有時間嗎？」

在稱謂方面，儘量多用「妳」和「我們」，少用「我」。因爲熱戀中的雙方，都會產生「兩位一體」的組合心理，經常使用「我們」一詞來建立「兩位一體」的關係，兩人的關係會更密切。

第三，情人之間的甜言蜜語需要輕輕地說出來。

古人很早就發現聲音和感情的聯繫。戀愛時雙方都有羞澀心理，這種心理反應在言語上，必然是帶著親切音色的輕言細語。

輕言細語可以較好地表達依戀、傾心的微妙感情，還可以把雙方共同帶進溫馨的世界。

如果一個男孩提高嗓門對女友說：「我們去看電影吧！今天過得眞愉快！」對方一定會認爲他是沒有修養、粗魯的傻瓜。這樣的人，誰還會愛他呢？

戀愛時，雙方都擁有一個不爲外人開放的神秘世界，在這個世界裡，輕言細語能夠傳遞愛的訊息，效果比大聲說話更爲強烈，這只有熱戀中的情人才能深深感受到。

當雙方陶醉在愛的漩渦中，若產生了小誤會或偶有意見不合時，在對方耳旁說上幾句甜言蜜語，對方一定會感到無比幸福，誤會與不合將頓時煙消雲散。

戀人之間有一種獨特、有趣的語言遊戲，那就是「鬥嘴」，它既不是口角，也不是吵架，而是爲了使愛更有味道，淘氣地加上一把鹽。

戀人之間，由於愛好、性格、習慣等不同，自然不可能時時和諧。不滿總會或多或少存在於戀人之間，如何讓戀人滿意地接受你的不滿呢？

把戀人的缺點抑制在「萌芽」狀態，有時需要用合情的話語，做一次傾心交談。對方事後仔細想想會意識到自己不對，從而更加珍惜你的一片眞情。

當然，如果是你不對，也可以巧妙化解。有些事情雖然對自己不利，但如果善於說話，就會改變對方的看法，甚至讓對方依照你的意思行動。

03 投其所好，談話最有功效

不妨這麼告訴自己：為了成為一個會說話的人，為了達成合乎情理的目的，「投其所好」沒有什麼不可以。

懂得溝通，比較容易成功

言語是人類互相交際、了解、傳達感情、溝通思想的最好工具，不擅於應用者，必定要在交流中吃大虧。

人際溝通作家葛瑞斯曾說：「有時候，會說話的人，不見得比不善於表達的人有能力，但是卻比不善於表達的人，更受到別人的青睞。」

其實，在這個有能力不一定就能成功的時代，如何與人進行有效的溝通、如何用最精確的話語，將自己的意思表達出來，往往就是一個人是否能夠成功的最重要關鍵。

日常生活中，會說話的人，總可以流利地表達出自己的意圖，也能夠把道理說

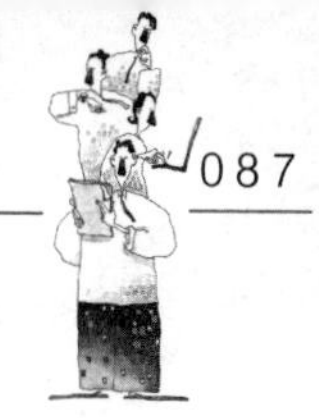

得很清楚、動聽，使聆聽者樂意接受。

有時候，還能立刻從問答中測定對方言語的意圖，由談話中得到啓示，增加對現況的了解，從而促進雙方關係的穩固。

相形之下，不那麼會說話的人，明顯不能完全地表達出自己的意圖，談話過程中，經常陷入使對方費神又不能表達自我的窘境。簡單來講，就是詞不達意。

說話是爲了把自己的意思告訴別人，讓別人明白，從而互相了解。如果說出的話不使人信服，沒辦法激起半點反應，就毫無作用，等於沒說。

你必定會問，如何才能「說一句、靈一句」呢？

說穿了，秘訣只在一點：知道自己的優劣，也清楚對方的優劣，然後創造條件發展已有優勢，便能應付自如。

說話是要針對人的，見什麼人說什麼話，斟酌每個人或每件事的情況與需求做調整，不可妄想「一招半式走天下」。百說百靈的先決條件，在於知己知彼。

是否有過類似的經驗？同樣的要求，對某個人提出，他欣然地接受，但對另一個人說，對方不但不能理解，而且還大表反感。這就是無法做到「知己知彼」者最容易犯下的錯誤。

有些時候，我們明明很在意某個人，可是他一點也不知道；我們明明非常關心某個人，卻還經常被對方嫌太過冷淡。

試想，這是多麼使人痛心的事啊！所以，在成爲高明的說話者之前，我們要先注意別人眼中看見的，了解別人心裡究竟在想些什麼。

當面對著一群人說話的時候，不但要顧到全體，還要特別照顧那些不被注意的聽衆，這樣做，不但是仁慈的表現，更可以解除衆人不安或不起勁的負面情緒，讓我們說出的話得到更熱烈的支持。

不要忘記對別人善意的言語表示感激，讓你的朋友具體地知道你的想法，知道他對你有很大的影響。只要眞心誠意，必能把心中眞實的感情傳遞出去。

若你本身就是富有同情心的人，一定能警覺地注意自己的言語，不至於在無意中傷害別人，就算不小心失言，也能夠在覺察之後，立刻向對方表示歉意。並且，

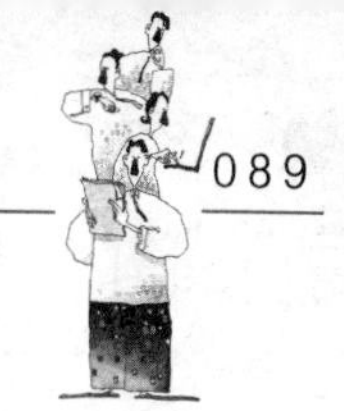

在遭受他人無心的言語傷害時，以寬容態度應對。

人都希望自己是快樂的、幽默感的，也比較喜歡與這類人相處。快樂是一件極寶貴的東西，無人不需要。由此延伸，我們可以知道，用快樂積極的態度說話，更容易受歡迎，達到目的。

作家惠特尼曾經如此寫道：「說好一句話，有時候比做好一件事更容易獲得別人的重視。」

確實，在這個每個人都喜歡聽好話的時代，說好「話」的確比做好「事」更容易讓你引起別人的注意。因此，如果你想獲得成功，那麼在溝通的過程中，如何把話說到別人的心坎裡，絕對是必修的一門學分。

言語是人類互相交際、了解、傳達感情、溝通思想的最好工具，不擅於應用者，必定要在交流中吃大虧。

培養受人歡迎的說話態度

如果你對別人表現出刻薄的神情，或者對別人說的話表示冷淡或輕視，對方的談興必定會消失。

與人談話時的態度如何，在一定程度上決定了你是否受人歡迎。能與人和顏悅色交談者，必定能打動對方的心。

會說話的人比較吃香，這一點無庸置疑，但如何表現才算是良好的談話態度呢？歸納起來有以下五點：

• 表現出興趣

當別人講話時，要注意傾聽。如果你的眼睛四處張望，或是玩弄著小物件、翻

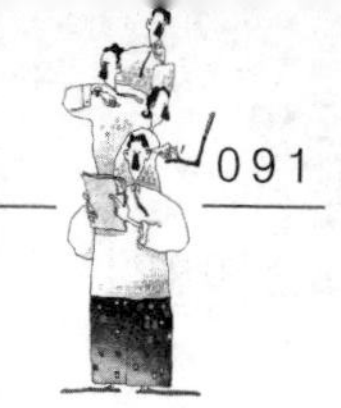

弄報紙書籍，對方就會以爲你對他的話沒有興趣，感到掃興。

此外，在人多的時候，你還不能只對其中一兩個熟悉的人表示興趣，而要把注意力分配到所有人身上，對於那些話說得少，或是表情不太自在的人，更要特別留神，找機會關照。

你的注意、你的關心，形同於一種尊重和安慰，正好可以幫助他們從被冷落的窘境中解脫。

●表示友善

如果你對別人表現出刻薄的神情，或者對別人說的話表示冷淡或輕視，對方的談興必定會消失。

哪怕你不喜歡聽對方的話，或者不同意他的意見，還是應該表示出基本的尊重與友善，不要只因爲一句不得體、不適當的話，就全盤加以否定。

尊重，正是人際關係要獲得良好發展的基礎。一聽到不喜歡的話，立刻表現出自身的不快和不滿，把彼此的關係弄壞、搞僵，導致失去繼續交談、深入了解的機會,不是很可惜嗎?

● **輕鬆、快樂、幽默**

眞誠、溫暖的微笑,是打開他人心靈的鑰匙。人的心靈天生對溫度有強烈的感應,遇見抑鬱、冰冷的表情,就會自然地凝結僵硬;遇見歡樂、溫暖的笑容,則相應地柔軟、活潑起來。眞誠、溫暖的微笑,快樂、生動的目光,舒暢、悅耳的聲音,就像明媚的陽光,使一切欣欣向榮,使談話能藉更生動活潑的方式進行下去,讓所有人談笑風生,備感心曠神怡。

至於幽默感,需要慢慢地培養,它是一種興致的混合物。富於幽默的人,常常能使身處的空間充滿歡聲笑語,憑幾句妙語驅散愁雲、消弭敵意,化干戈爲玉帛、化凶戾爲吉祥。

● **適應別人**

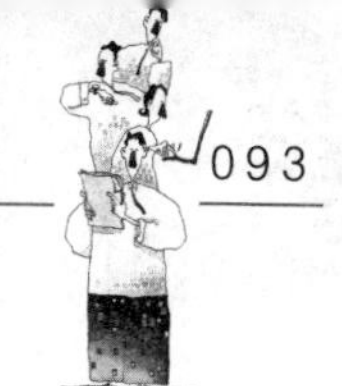

跟趣味相投的人在一起就舒服、話多得很，一遇見志趣不投的人就感到彆扭、不想開口。像這樣任著自己的脾氣去接近別人，眞正投機的人就少了。

想要讓自己更受歡迎，就該藉談話多關心別人，重視他們的想法與喜好。有些人喜歡講大道理、有些人思路較天馬行空、有些人一開口就滔滔不絕、有的人則長於深思、拙於應對，凡此種種，你都該學著自我調節以適度遷就。

碰上滿腹經綸的，讓他盡情地宣洩；守口如瓶的，由他吞吞吐吐；失意的，多給予一些安慰同情；軟弱的，多表達鼓舞和激勵。

懂得說話藝術的人，一旦發現對方對某一問題表現出特別強烈的興趣，便會讓他在這方面繼續發展，暢所欲言；假如看出對方對某一個問題不想多談，則會及時轉換話題，把談話引到另一個方向，免得引起不快。

• 謙虛有禮

所謂謙虛有禮，絕不是說一些不著邊際的客氣話，而是一方面眞誠地尊重對方、關心對方的需要，盡力避免傷害，另一方面嚴格地要求自己，對自身意見與看法抱持「可能有錯」的保留態度，虛心地聽取外界意見，做出適度調整。

與人談話之時態度的好壞，正是能否成功達到交談目的的重大關鍵，不可不謹慎。

投其所好，談話最有功效

不妨這麼告訴自己：為了成為一個會說話的人，為了達成合乎情理的目的，「投其所好」沒有什麼不可以。

一個會說話的人，必定懂得「投」交談者「所好」。

心理學研究證明，情感引導行動。積極的情感，例如喜歡、愉悅、興奮，往往能產生理解、接納、合作的行爲效果；而消極的情感，如討厭、憎惡、氣憤等，則會帶來排斥和拒絕。

所以，若想要人們相信你是對的，並按照你的意見行事，首先要得到人們的喜歡，否則必定失敗。

要使別人對你的態度從排斥、拒絕、漠然處之到產生興趣，並更進一步予以關注，需要最大限度地引導、激發對方的積極情感。

「投其所好」，實際上就是引導激發的過程。這種過程的表達方式多種多樣，經常運用的主要有以下兩點：

• 發現對方的「長處」

要善於讚揚別人，善於從理解的角度真誠地讚美別人，更要培養並展現出洞察力，發現對方美好的一面。

• 尋找對方的「興趣點」

與別人交談時，往往會遇到一種情況：對方並未專心聽你說，而是在做或在想別的事情；或者是嘴裡應付著，眼睛卻看向別處；或者是轉移話題，跟你瞎扯……遇到這種情況，你就應該儘快放棄目前的話題，尋找他的「興趣點」。

唐代大詩人白居易說過：「動人心者莫先乎情。」

情動之後心動，心動之後理順，而理順之後，事情自然會朝著有利於你的方向

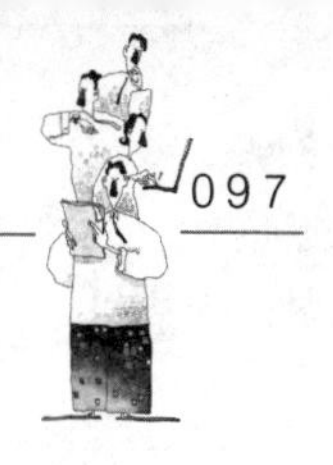

發展。以下的故事，相信能給你一些啟示。

柯達公司總經理伊斯特曼發明了底片，為自己贏得巨額財富，成為當時世界上最著名的商人之一。

儘管如此，他仍然像平常人一樣，渴望得到別人的稱讚。

伊斯特曼曾捐造「伊斯特曼音樂學校」和「凱伯恩劇院」，用來紀念他的母親。紐約某座椅製造公司經理艾特森，想得到承包劇院座椅的訂單，於是鼓起勇氣和伊斯特曼相約見面。

但由於伊斯特曼的工作極忙，每次訪問佔用的時間不能超過五分鐘，艾特森能利用的時間相當有限。

他被引進總裁辦公室時，伊斯特曼正埋首於桌上堆積如山的文件中，聽見有人進來，他抬起頭打招呼：「早安！先生，有什麼事情嗎？」

自我介紹後，艾特森說：「伊斯特曼先生，在外面等著見你的時候，我瀏覽了一下這裡的環境，感到非常羨慕。假如我有這樣的辦公室，工作情緒一定非常高昂。

你知道，我只是一個平凡的商人，從來不曾見過如此漂亮的辦公室。」

伊斯特曼回答：「你使我想起一件幾乎忘記的事，這房子確實很漂亮，不是嗎？當初剛蓋好的時候我極喜歡它，但是現在，為太多事情心煩忙碌，我甚至連續坐在這裡幾個星期都無暇看它一眼。」

艾特森用手摸了摸壁板，問：「這是英國橡木做的，是吧？質感和義大利橡木稍有不同。」

伊斯特曼點了點頭，明顯已被挑起興趣，說道：「一點也沒錯，那正是從英國運來的橡木。我的一個朋友懂得木料的好壞，親自為我挑選的。」

隨後，伊斯特曼領著艾特森參觀了自己的辦公室，詳細講解曾參與設計的房間配置、油漆顏色、雕刻工藝等等。

當他們在室內誇獎木工時，伊斯特曼走到窗前，非常得意地表明要捐助洛加斯達大學及市立醫院等機關，以盡心意，艾特森立刻熱誠地稱許，直說他是個古道熱腸的善心人。

兩人接著又談了許多生活上、工作上、生意上的事，艾特森總是適時地表達出

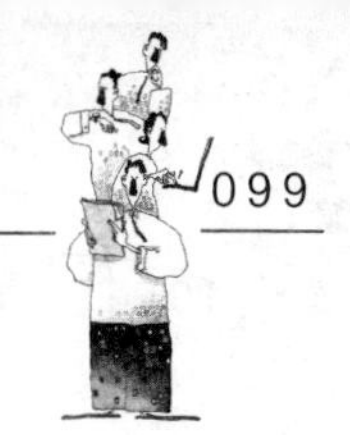

自己的讚歎。這場談話一直進行到中午，之後，艾特森不僅順利得到了那筆劇院座椅訂單，還與伊斯特曼成了好朋友。

人際交往中，「投其所好」的重要性，由此可以證明。因此，不妨這麼告訴自己：爲了成爲一個會說話的人，爲了達成合乎情理的目的，「投其所好」沒有什麼不可以。

適度讚美讓說出的言語更甜美

若在讚美別人時，不審時度勢，不能掌握一定的技巧，即便是真誠的讚美，也可能產生負面效果。

生活中，我們經常需要稱讚別人。

真誠的讚美，於人於己都有重要意義。對別人來說，他的優點和長處，因你的讚美顯得更有光彩；對自己來說，則表明了你有開朗的胸懷，並且被他人的優點和長處吸引。

美國心理學家威廉·詹姆斯說：「人類本性上最深的企圖之一，是期望被讚美、欽佩、尊重。」

確實如此，渴望受讚揚是每一個人內心的基本願望。

在現代人際交往中，讚揚他人已成爲一門必修的學問，能否掌握並妥善運用，使符合時代的要求，是衡量現代人的素質的一項標準，也是衡量個人交際能力高低的重要標誌。

當教師的人都明白：對落後的學生，過多的處罰和批評往往無濟於事。這些學生乍看簡直一無是處，但只要你能找到一個優點，予以大力讚揚，他就會產生上進心，逐漸往好的方向發展。

由於小小的誤會或久未接觸，人與人之間難免產生隔閡。消除隔閡的最有效方法，就是恰到好處地讚揚對方，融洽彼此瀕臨破裂危機的關係和感情。

讚美是件好事情，但並不是一件簡單的事。若在讚美別人時，不審時度勢，不能掌握一定的技巧，即便是眞誠的讚美，也可能產生負面效果。

讚美時，應遵守以下準則：

●實事求是，措詞適當

讚美的話語出口前，先要掂量一下，這個讚美有沒有事實根據？對方聽了是否會相信？第三者聽了是否不以為然？

一旦出現異議，你又沒有足夠的證據來證明自己的讚美站得住腳，就會弄巧成拙。所以，讚美必須在事實基礎上進行。

不僅如此，措詞也要講究適當。

例如，一位母親讚美孩子：「你是一個好孩子，我感到很欣慰。」這種話就很有分寸，不會使孩子驕傲。

假如這位母親說：「你眞是一個天才，我所看過的小孩中，沒有一個趕得上你的。」那會因為過度誇大，養成孩子驕傲的性格。

●借用第三者的口吻讚美他人

有時，我們為了博得他人好感，會讚美對方一番。但若由自己說出「您看來眞是年輕」這類的話，不免有恭維、奉承之嫌。

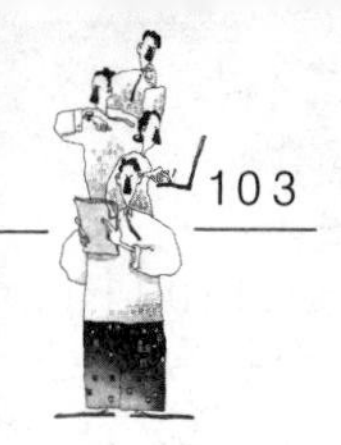

與其如此，不如換個方式，向對方說：「怪不得大家都這麼稱讚，您看來眞是年輕又漂亮。」

借用他人的口來讚美，更能得到對方的好感與信任。

●間接地讚美他人

有時，當面讚揚一個人，反而會使他感到虛假，或者會疑心你不是誠心的。這種時候，間接讚美的效果更好。

無論將間接讚美用在大衆場合，或個別場合，只要能傳達到本人耳裡，都是有效的。除了能達到讚揚鼓舞作用，還能使對方感到你的眞誠。

●讚揚須熱情具體

經常可以看到，有人在稱讚別人時，表現出來的態度卻漫不經心。

「你這篇文章寫得蠻好的」、「這件衣服很好看」、「你的歌唱得不錯」……

這種缺乏熱情的空洞稱讚並不能使對方感到高興，甚至會由於過度明顯的敷衍而引起反感不滿。

稱讚別人，要盡可能熱情些、具體些。

比如，上述三句稱讚的話，可以分別改成：「這篇文章寫得好，特別是後面一個論點極有新意。」「你這件衣服很好看，剪裁很能襯托你的身材。」「你的歌唱得不錯，高音非常動聽哪！」

●比較性的讚美

兩個學生各拿著自己畫的一幅畫，請老師評價。老師如果直接對甲說：「你畫得不如他。」乙也許感到得意，但甲心中一定不悅。

當碰上這種狀況，不如運用比較性讚美，對兩人說：「甲的構圖已經相當成熟了，但乙的用色明顯更出色搶眼些。」

這樣一來，乙仍舊很高興，甲也不至於太掃興。

●把讚美用於鼓勵

用讚美來鼓勵，能激起人的自尊心。而要一個人努力把事情做好，首要條件，正在於激起自尊心。

有些人第一次做某件事情，結果不理想，你應當怎樣說他呢？

千萬要告訴自己，不管對方有多大的毛病，還是該給予肯定，說：「第一次有這樣的成績，已經不錯了。」

對那些第一次登台、第一次參加比賽、第一次寫文章投稿、第一次做某件事情的人，這種讚揚，會讓他深刻地記一輩子。

●讚揚要適度

適度的讚揚，會使人心情舒暢，否則使人難堪、反感，或覺得你在拍馬屁。因此，合理地把握讚揚的「度」，是一個必須重視的問題。

一般說來，必須做到以下三點：

1. 實事求是，恰如其分。

2. 方式適宜，即針對不同的對象，採取不同的讚揚方式和口吻，以求適應對方。如對年輕人，語氣上可稍誇張些；對德高望重的長者，語氣上應帶有尊重的意味。對思維機敏的人要直接了當，對有疑慮心理的人，要儘量明顯，把話說透。

3.讚揚的頻率要適當。在一定時間內讚揚他人的次數越多，作用就越小，對同一個人尤其如此。

巧用讚美，讓你的言語更甜美，會連帶著使形象提高，想要在人際交往中更順利，千萬別吝惜讚美他人。

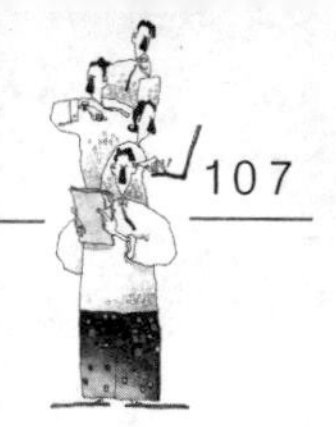

要誠心讚美，不要客套恭維

發現別人有什麼優點，就要及時且直接地表示讚揚，不要等到對人有所求時才出口，誠心的讚美絕不等同於膚淺的客套恭維。

想想，你上一次讚美他人，是在多久之前？

仔細留意便會發現，日常生活中，在我們身邊，必定有許多人不願輕易開口說出對別人的讚美。

爲什麼會這樣呢？探究理由，多不出以下幾種：

1. 剛剛認識某個人，仍感到生疏，對情況還不大了解，怎麼好意思主動對人家表示讚美呢？

2.與異性交往，更加不好意思讚美，尤其是當男人面對一位年輕漂亮的女郎，儘管覺得對方是個美人，卻擔心從嘴裡吐出的讚美遭到誤解，被認為居心不良，因此還是不說為妙。

3.關係親近、朝夕相處的人，彼此早已相知，何必還要表示讚揚？既然不懷疑相互的感情和信任，還有必要表示自己的喜愛和讚賞嗎？弄得不好，反倒顯得不自然、尷尬吧！

4.有的人已經獲得很高的成就，夠幸運、夠得意了，沒必要當面再去稱讚，否則對方豈不是更得意，且更顯得自己更不如他？

5.對於售貨員、服務員或某位商人，沒有必要表示我們對商品或服務的滿意，因為他們做得再好，也是為了賺我們的錢。做好本分內工作是理所當然的事情，既然自己付了錢，有什麼必要再表示滿意和感謝呢？

6.對於領導者，更不可隨便表示讚揚。也許上司確實有值得稱讚的地方，可對這種人盡說好話，別人發現了，豈不被當成拍馬屁？

7.有些人實在太平凡了，甚至還有不少毛病，根本不怎麼樣，就算有可取之

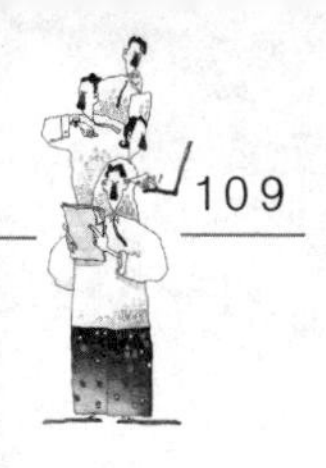

處，也不過是些瑣碎、細小的事情，沒有讚揚的價值。

以上這些想法，在邏輯上或許有一定的道理，卻足以造成超乎想像的嚴重阻礙，讓我們無法把話說得更好，自然也不可能在人際交往中走向最佳狀態。

爲什麼許多人會有類似想法？

往更深一層看，我們還可以探究出以下這幾個原因：

1.對讚揚的意義理解不深，或僅透過庸俗的角度來理解，認為只在有求於人或巴結討好人時才有必要給對方戴高帽子，而自己一向心地坦誠、作風正派，何必要來這一套？

2.為人拘謹，老實木訥，不僅不好意思對他人表示讚賞，同時也擔心別人會對自己有任何懷疑或不好的看法。特別是在陌生人、異性和領導者面前，更感到憂心、拘謹，更無法將讚美說出口。

3.由於心態不良、心理不平衡，懷著嫉妒心或虛榮心，不肯讚揚職務和成就高過自己者，而對不如自己的人又不屑一顧。

4.只想到自己需要別人的讚揚，而不考慮別人也同樣需要得到自己的讚揚。尤其是抱持自卑心理的人，總會覺得自身人微言輕，即便提出讚揚也無足輕重，不具太大意義。

5.無法恰當掌握讚揚的語言藝術，或曾經讚揚過別人但收效不佳，因而誤以為讚揚沒什麼價值，甚至還可能適得其反。

總的來說，吝於讚美不出兩方面原因：一是心態不夠積極，一是不懂得交際的奧秘，不會說話。

正如任何一個人都不可能沒有缺點和過錯一樣，人也不可能沒有值得讚賞的優點和長處。心中抱持偏見者，對某人某事常常固執地囿於自己的看法，即使事實證明犯了錯，也不肯輕易改變。

試想，如果你對某個人說：「我一看見你就覺得討厭！滾開！不要讓我見到你！」這不僅不尊重別人，也等同於一種自我封閉和扼殺，使自己變得令人厭煩，沒有任何好處。

想要讓別人喜歡自己，就該主動釋出善意，去喜歡、關心、了解他人，且做到全面地、實事求是地關心和了解，而不是只將眼光放在對方的缺陷上。

最重要的一點，是你能否看出對方的優點，即使相當渺小，也應當拿出「伯樂」的眼光，致力於發現並讚賞。學會讚揚別人，對於提升說話能力與發展人際關係有很大的幫助，極有可能會成爲你的極大優勢。

此外，要建立一個正確觀念：發現別人有什麼優點，就要及時且直接地表示讚揚，不要等事過境遷後才感到遺憾，不要等到對人有所求時才出口，誠心的讚美絕不等同於膚淺的客套恭維。

想提升自己的說話能力，絕不能吝惜讚美。

要知道，在稱讚別人同時，也會爲自己帶來愉快，就像是一名藝術家，透過語言讚美讓彼此身心愉悅，讓周遭氣氛更美好。

抓住讚美技巧，收效會更好

背後讚揚是一種至高的說話技巧，因為人與人相交，最難得的就是在背後說好話，而非閒言閒語。

無論做任何事情、說任何話，都不可以盲目或者過度，必須控制在適當的範圍內，否則，即便是好事、好話，也會產生負面效果。

讚美正是一把雙面刃，能增進人際關係，也能破壞人際關係。期望開口說出的是恰如其分的讚美，可從以下方面要求自己：

- **出於真誠**

不真誠的讚揚，必定會給人虛情假意的負面印象，或者被認爲懷有某種不良目

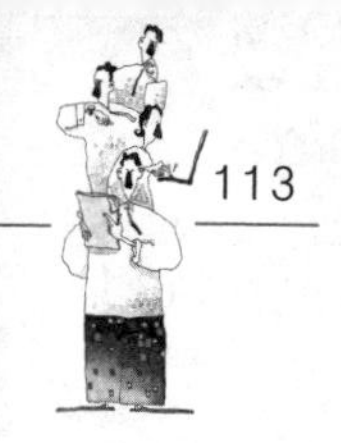

的，如此一來，受讚揚者非但不會感謝，反而感到討厭。

言過其實的讚揚，不能實事求是，會使接受者感到窘迫，也會降低讚揚者自身的威信。虛情假意的奉承，對人對己都有害無利。

● 不失時機

對朋友、同事身上的特點，要盡可能隨時隨地去發現，抓住時機，積極回饋，即便是一個表情、一個動作、所說的一句話、所做的一件事，都應把它們看在眼裡、記在心裡。

讚美的時機多種多樣，當時、事後、大庭廣眾之下，兩人獨處時都可進行，但一般以當時、當眾讚美的效果最佳。

● 培養「慧眼」

你從對方身上發現的特色、潛能、優勢，最好是其他人都沒有發現，甚至連當事人自己都不清楚的。

這種讚揚能讓接受者驚喜，瞬間增強自信，更對讚美者產生好感。

●與對方的好惡相吻合

若某樣特質一向被對方認爲是缺點，內心極爲厭惡，但卻被你誇獎，必定無法令他接受。試想，如果你讚美朋友像某位電影明星，可他恰好極討厭這位明星的相貌或性格，這樣的讚美會有效果嗎？

答案當然是否定的。

●找出對方最渴求讚美的特質

每個人必定都有各自優越的地方，更有自知優越的地方，固然盼望得到別人公正的評價，但更希望某些特質能得到恭維。

例如女孩子，都喜歡聽到別人誇讚她們外表的美麗，但對於具有姿色的女孩，不妨改稱讚她的內涵、智慧吧！相信這會比千篇一律的恭維更令她印象深刻。

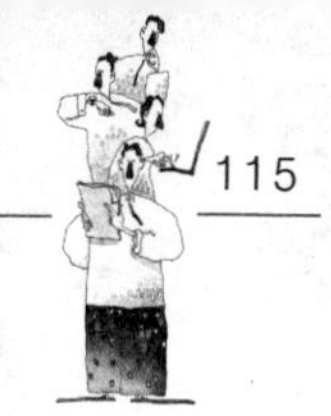

●善用間接恭維

引用他人的評價，對某位朋友、同事過去的事蹟，也就是既成的事實，加以讚美，就達到了「間接恭維」的目的。這證明了你對他的成就、聲譽有所了解，對方不僅會欣然接受你的好意，且將以親切、熱情的態度回應。

●在背後讚揚

背後讚揚人是一種至高的說話技巧，因爲人與人相交，最難得的就是在背後說好話，而非閒言閒語。如果朋友知道你在別人非議他時挺身而出、主持公道，怎麼可能不感激？

●引其向善

讚美與諂媚、奉承、拍馬屁的一個極大區別，在於當中含有「引其向善」的積極性意義。

你若希望對方擁有哪些優點、鞏固哪些優點，就該敏銳地發掘，並及時予以鼓勵。對方的自尊心得到滿足、感受到激勵後，自然會朝你所期望的方向努力。

●言語含蓄

過直、過露的讚美，很有可能讓聆聽者感到過分肉麻，反而留下不好的印象，而巧用抽象含蓄的言辭，更有辦法達到使人迷醉的效果，因為語辭本身含有多方面涵義，可做多種解釋，對方會不自覺地往好的方面去想。

●採用直觀性讚美

面對初相識者，可多使用這種說話方法。

無論是從對方身上的飾物、衣著、裝扮或者其他具體事物切入，具「發現性」的直觀讚美都能讓對方感到輕鬆、自在，從而使交談氣氛活潑起來。懂得讚美的人必定受人喜歡。想暢通自己的人際交流管道，千萬別疏忽了讚美的技巧。

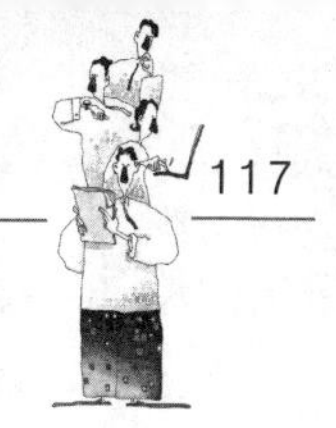

看出對方的興趣在哪裡

在與人建立良好關係的過程中，達到興趣上的一致是很重要的。當雙方都喜歡同樣的事情，彼此的感情自然更融洽。

人都有一個共通點，那就是必定會對某個領域、某樣事物抱持特別濃厚的興趣。而興趣還可再分爲兩種，一是對有連帶關係事物的興趣，一種是對無連帶關係事物的興趣。

所謂「有連帶關係」的事物，是指與你和別人共同發生興趣的事物。利用這類興趣做引子，通常可以順利地在彼此之間建立良好互動關係。

那麼，再換個角度看，你必定會同意，絕大多數人對自身本職工作以外的事物更具興趣。

通常，一個人之所以從事某樣工作，不是出於自願，而是爲了謀生。但在業餘時間他所關心的事情，則完全是自己所選擇。換句話說，他最感興趣的事情是辦公室之外的，因此，透過從業務以外的事物製造機會與某人接近，可望建立起更融洽、穩固的聯繫。

一般人都希望與自己相處的人是有趣的，具有許多不同的興趣，有些自己會同樣感到特別喜歡，有些則比較淡泊。因此，你應儘量找出他們最感興趣的事，然後再從這方面去接近。

但在與別人的特殊興趣建立連帶關係的過程中，自己的眞實興趣也免不了會表現出來。畢竟，想要把話說好，進而再將人際關係經營好，單單憑一句「我也很感興趣」是絕對不夠的。

在對方的詢問下，與其表現得吞吞吐吐、躲躲閃閃，倒不如想辦法用自己的興趣去引起別人的興趣。

在與人交談、交往的過程中，該如何使他人了解自己對某件事情同樣具有濃厚

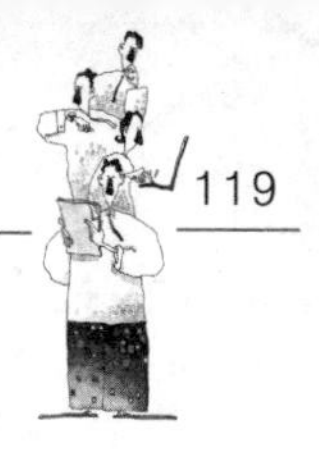

興趣呢？

無庸置疑，對於題目本身，你必須具備相當的知識，證明自己的確下過一番功夫、做過相當研究，絕非信口胡謅。越是面對值得接近的人，越應該努力對他所感興趣的事情做進一步了解。切記，除非你能夠好好地應付，得到信賴，否則對方不可能提供你想知道的任何事情。

爲什麼幼稚園老師有辦法去哄那些哭鬧的小朋友，讓他們破涕爲笑呢？受過專業教育訓練的她們當然有訣竅，其中一項，在於能站在孩童的立場，設身處地、將心比心地迎合孩子們的興趣和思想。

這種做法純粹出於熱誠，而熱誠絕對是使應酬成功、讓話說得更好的因素。當你的內心充滿熱誠，提出的將不是令人難堪的問題，而是別人樂於回答，或者是他所熟悉的問題。

例如，你知道某人去過美國，因此向他問及美國的事情，他一定會非常高興、滔滔不絕地講述起相關的訊息，即使你最開始的目的不過想問問入境手續，他也可能一股腦地連紐約帝國大廈的電梯快到什麼程度都告訴你。

如何實現與他人興趣一致的目的呢？專家提出以下三步驟：

1. 找出別人感興趣的事物。

2. 對他感興趣的題目，設法先建立起相關知識。

3. 明白地對他表示出你確實感到興趣。

在與人建立良好關係的過程中，達到興趣上的一致是很重要的。當雙方都喜歡同樣的事情，彼此的感情自然更融洽。

過程中，不但需要主動且積極地釋出善意，更需要良好的說話技巧輔助。

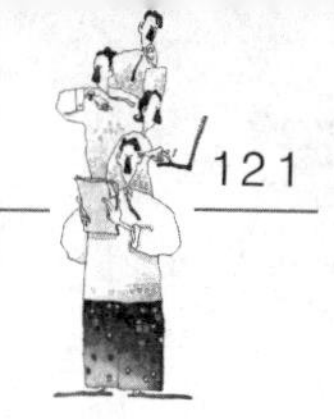

安慰別人要掌握分寸

只有能適情適景地表達出對別人的安慰言語，才能夠達到安慰別人的目的，否則，反而會增加別人的憂愁與痛苦。

生活在高度競爭的社會，每個人都不得不與人打交道，透過語言來表達自己的思想、建議、計劃和目的，更必須常和各式各樣的人溝通、交涉、協商。正因爲如此，如何把話語說得更加巧妙，可說是現代人必須掌握的訣竅。

若只是伶牙俐齒卻不知道察言觀色，不懂得分辨時間、場合，準確表達自己的意思，很難達成自己想要的目的，甚至使聽話者感到厭煩不已。

某公司一名網路工程師，花了很長時間在軟體創新上，結果人熬瘦了，還是沒成功。面臨失敗，讓他感到懊惱。

這時，走過來一個同事，拍拍他肩膀說：「看你眼睛都熬紅了，算了吧，有這個閒心，還不如回家休息休息！」

這番話初聽起來，似乎在安慰，但細聽卻不是滋味，傷人自尊。這種話語根本不是鼓勵，而是潑冷水。

安慰話說得不好，有時候反而會激怒對方，因此，要使安慰產生好的效果，沒有副作用，要掌握策略和尺度，注意分寸和方法。

那麼，在實際生活中，哪些安慰的話語不妥呢？

・揭人短的安慰

一位學生數學考試成績不理想，身旁的同學就直截了當地說：「沒關係，你的物理更差，去讀物理吧，後天要考試了。」

說話的人原意是要安慰他，但這種揭傷疤的方式只會刺痛對方的心，安慰反而成了觸發更大憂慮的源泉。

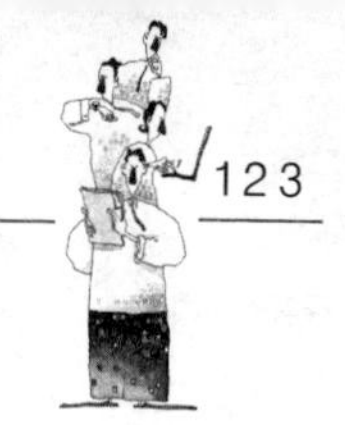

・為人添愁的安慰

一位中年人在公司體檢時發現肺部有陰影，醫生囑咐他去複查。當他把這個情況告訴周圍同事時，有的說：「我有個鄰居也是這種情況，後來檢查出是絕症，你要小心啊，別忙工作了，快去檢查吧！」

這種安慰話語縱然有關切之心，卻會增添對方的心理壓力，被安慰者反而更加憂慮了。

・增人懊悔的安慰

有個人不慎遺失錢包，裡面有四千多元，公司裡的同事開玩笑說：「還好，你僅僅丟掉了兩天薪水。」

這種自以爲幽默的說法，別人聽了只會心中大爲不快。

・令人更憂的安慰

辦公室裡一位同事的抽屜被撬了，正好前幾天有人也發生了類似的事情，有個同事就信口開河說：「有二就有三，當心家裡遭小偷！」

這位同事的本意是要她提高警惕，但這種話觸人霉頭，弄得這位女同事離家時提心吊膽，惶惶不可終日。

莎士比亞曾經說過：「陪著哭泣的人流淚，多少會使他感到幾分安慰，可是滿心的怨苦被人嘲笑，卻是雙重的死刑。」

所以，如何說好安慰別人的話是相當重要的，只有能適情適景地表達出對別人的安慰言語，才能夠達到安慰別人的目的，否則，反而會增加別人的心理負擔。

04 適度自誇是高明的說話方法

並不是身處任何場合、從事任何事情都適合謙虛。過度自謙退讓的說話態度，反而容易給人「沒用」的錯覺。

求人辦事必須掌握訣竅

求人之時一定要先博得對方的好感，再針對當下的場景運用一些技巧，這樣就可以達到讓對方為自己辦事的目的。

誰都不是超人，都有解決不了的問題，因而日常生活和工作中我們常常會有求於人，或求人辦事，或求人給自己提供方便、機會或具體的東西等等。「求」有多種方式，絕大部分需要以口頭提出。此外，同樣的「求」，不同的人，用不同的方法表述出來，所得到的結果往往不一樣，可見求人還是需要一些訣竅。

大凡有求於人的人，總是希望對方樂意答應自己的請求，卻不知道向人提出請求時得講究一些技巧。

•替對方著想

有求於人之時，應該站在對方的立場想一想，自己提出的請求將會給對方造成哪些壓力，可能存在哪些困難。這些難處，由你說出來，會比由他本人說出來要好得多。

「我知道這件事會給你增添許多麻煩，但我實在沒有別的門路，只能拜託你了。」這樣說，較容易使對方樂於爲你做事。

•充滿自信

有求於人時，要充滿自信，不要畏畏縮縮、吞吞吐吐，才能說服對方。

爲了使自己所說的話更具有說服力，切記不可疑懼，應該滿心歡喜地盼望，並且充滿自信。

•稱頌在前

求人幫忙時，一般可先適度地稱頌對方某些顯著的優點。比如，稱讚他樂於助人，有門路、辦法多等等。眞誠的讚頌，可以博得對方的好感，心甘情願地幫助你。

•切勿說「你也可以」

請求別人時，切勿說「你也可以」。懂得說話的人，總是避免說出「你也可以」這種帶有次等意味的話語，因爲它會令人心生不快。

要下屬做事情之時，若他正有急事要處理，可以隔五分鐘或十分鐘後，再把他叫過來吩咐工作，但不要將對方當做代用品，而是要激起對方的榮譽心，例如：「我認爲這件工作還是由你來辦最適合！」「如果是你來做，一定能夠辦得更好，現在你可以立刻著手去做嗎？」

要求孩子做家務事時，也要避免說出「姐姐不在，你來做也可以」這樣的話，應該改口說：「你掃地很仔細，幫媽媽將客廳打掃一下好嗎？」因爲即使是小孩，也非常重視父母親給予的榮譽心及使命感。

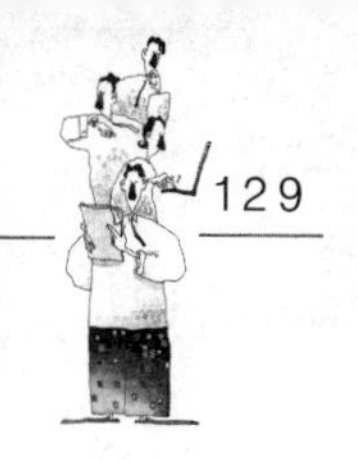

・給對方以承諾

即在求助時許下互助互利的承諾，讓對方覺得他的付出值得。

求人時，別忘了表示願意給對方某種回報或將牢記對方提供的好處，即使不能馬上做到，也一定會在對方用得著自己的時候鼎力相助。

不用擔心這種承諾會成爲空頭支票，儘管說沒關係，因爲大凡求人者有這種意識，對方就會對多一份好感。而且，並不是每個人都會眞的要求回報。

・讓對方明瞭利弊得失

遇到緊急的事情，應該分析利弊得失、輕重緩急，誠懇地使對方接受你的請求。

有一次，某校針對學生嚴重流失的現象，計劃召開教務會議，但校長卻因為其他行程一再延。教務主任最後去找校長：「我現在把工作向你彙報一下……其中我們最大的問題就是學生嚴重流失，這勢必會影響到學校的財務狀況。」

校長一聽，立即接著說道：「是啊，這個問題絕對不能忽視，應該立即想辦法解決。」

主任趁勢說：「所以，我們打算馬上召開教務會議，請大家提出意見，共同擬對策。」

校長考慮片刻，隨即取消其他行程。

・真誠地「捧」對方

所謂「眞誠地捧」是指恰到好處地稱讚所求的人，並不是那種漫無邊際、令人肉麻的吹捧。

求人時，說點對方樂意聽的話，尤其就所求之事稱讚對方，不失爲一種巧妙的求人辦法。

一位老師想請一位篆刻藝術家刻一枚印章。得知來意之後，這位篆刻家笑道：「刻印章啊，可以。不過，請我刻印章是不是該付點錢啊？算你便宜點吧，一個字一百塊。」

雖是玩笑話，但這位老師也聽出了篆刻家抱怨之意，於是笑著說：「要能得到你刻的印章，理當付錢。可是，你刻的章何止一字一百塊呢？你刻的印章獨樹一格，可謂是無價之寶，付多少報酬也遠遠不夠啊。」

幾句話就說得這位篆刻家心情舒爽，高高興興地為他精心刻了一枚印章。

・運用商量式語氣

當你需要別人幫助時，切莫用命令的口吻，若能用婉轉的、商量的語氣，效果會更好。

比如，妻子下班回來，對正在看書的丈夫說：「今天我想做件衣服，能不請你去接孩子，再做做飯？」這種尊重對方的商量的口吻，對方是會樂意接受的。

這樣說，不但達到了目的，而且使彼此關係和諧融洽。相對的，如果使用命令的強硬口吻，一定會引起爭吵。

就心理學的角度而言，盛氣凌人、頤指氣使的命令口吻，最容易引起對方的反感，而商量、誠懇請求反倒能讓對方妥協。

協商語氣比起命令口吻來，更容易改變一個人的觀點。在同事、家庭成員之間，應儘量採取這種方式。

•用激將法做最後一擊

當你遇到棘手的難題，只有某人能妥善解決，但偏偏他又不大聽你的話，或許可以試試激將法。

這種方式針對那種心直口快、好勝心強的人特別有效。求人之時一定要先博得對方的好感，再針對當下的場景運用一些技巧，這樣就可以達到讓對方爲自己辦事的目的。

透過這些方法能達到兩個目的：一能促使對方接受請求；二能避免出現提出請求卻遭拒絕的難堪，想求人辦事之時不妨試試。

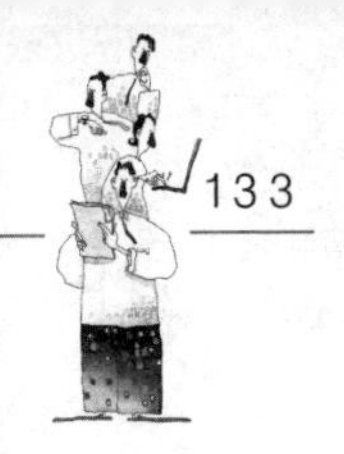

罵完之後，別忘了給糖吃

有些時候，責罵是必要的，但責罵後要有妥善的處理方式。只要你學會與人溝通的方法，在不得不責罵別人的情形下，也能達到雙贏。

以「經營之神」聞名的松下幸之助，責罵部下的方式非常巧妙，也擅長責罵後的處理方式。

三洋電器的前副董事長後藤清一任職松下公司時，因犯了一個小錯誤而惹怒了松下幸之助。當他走進松下的辦公室時，只見松下正拿著一把火鉗氣急敗壞地敲打著桌面。

就在後藤清一被罵得不是滋味，正要悻悻離去時，松下突然說道：「等等，剛才因為我太生氣了，不小心把這把火鉗弄壞了，麻煩你把它弄直好嗎？」

後藤清一無奈，只好拿了把鐵錘拼命敲打火鉗，心情也隨著敲打聲漸趨平穩下來。當他拿著敲直的火鉗交給松下幸之助時，松下說：「比原來的還好，你真不錯！」然後就高興地笑了。

責罵過後，反以題外話來稱讚對方的方式，很容易讓對方消除反感。

更精采的還在後頭。事情發生不久，松下就給後藤的妻子打電話說：「今天妳先生回去時，可能臉色會很難看，希望妳能好好照顧他。」

本來，後藤在受到責備後，便想立即辭職不幹了，但松下的做法，反而使後藤感動得五體投地，決心效忠於公司。

責罵往往會引起別人的反感，而罵人的一方在罵過後，緊張的情緒會慢慢消失，待理性恢復後，就有後悔的感覺。

雖明知會有這種反應，但如果不加以責罵就是姑息，事情便不會有所改進。所以責罵歸責罵，只是在責罵後你要使對方瞭解「並不是你對他失去信賴」，這才是最重要的，而這就完全在於責罵後的處理方式了。

松下的讚許和關心就屬於這種類型。下意識地用間接方式透露些有關情報給第三者，更是他獨到的技巧。

因爲松下知道這位第三者一定會將消息透露給對方，對方自然會想到「原來董事長對我是愛之深，責之切」。如此不但不會令對方心生反感，反而會感激，更願爲他效力。

有些時候，責罵是必要的，但責罵後要有妥善的處理方式。只要你學會松下這種與人溝通的方法，在不得不責罵別人的情形下，也能達到雙贏。

尊重讓彼此更容易溝通

凡善於談話者，必定會小心翼翼斟酌說話方法，不使溝通陷入僵局。只要談話之門沒有關上，就永遠不愁無話可說。

有「會說話」的人，自然也有「不會說話」的人。有些人喜歡抬槓，搭上話就針鋒相對，無論別人說什麼，總要加以反駁。事實上，他本身可能一點概念也沒有，偏偏當你說「是」時，就一定要說「否」，到你說「否」的時候，反又說「是」了。

事事要占上風，不與人爲善，這是一種極壞的說話習慣。即便你的見識眞比別人多，也不應該以如此態度說話，不爲別人留半點餘地，非要把對方逼得無路可走才心滿意足。

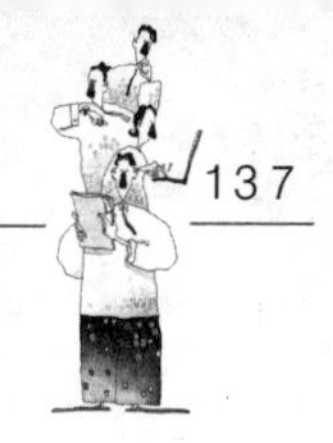

不懂尊重不良習慣足以使你自絕於朋友和同事之外，沒有人會願意再向你提出意見或建議，更別說是忠告了。你的本性可能是很好的，但只要染上這種不良說話習慣，朋友和同事必定會離你而去。

唯一的改善方法，從養成尊重別人的說話習慣開始。

首先你要明白，在日常談論當中，自己的意見未必都是正確的，而別人的意見也未必就是錯誤的。那麼，又何必次次反駁？

別人和你談話時，可能根本不打算聽你說教，只當作單純談笑罷了。此時，你若硬要表現出聰明，拿出自認爲更高超的見解壓過對方，即便如願取得優勢，對方也絕不會心悅誠服地接受。

當同事或朋友向你提出建議，若不能立刻表示贊同，起碼要表示願意考慮，不可馬上反駁。

和朋友談天時更該注意，過度執拗足以讓一切有趣的話題變得枯燥乏味。

想要藉言語和人建立良好關係，千萬要表現得謙虛一些，隨時考慮別人的意見，不要太過固執，讓人們覺得你是一個可以交談的人。

聽到別人的意見和自己一樣時，大可立刻表示贊同，不要以爲這樣做會被人認爲是隨聲附和，因而默不吭聲。不吭聲，確實不會被人誤解爲隨聲附和，但也容易使人以爲你並不同意。

當聽到別人的意見和你不一致時，也可立刻表示你不同意，但此時要注重說話的技巧，把不同意的原因委婉但明確地說出來，避免過度批評或者人身攻擊，如此便不至於傷害彼此的感情。

人與人之間的談話，經常只有一個目的，就是想知道別人對某件事的看法是否和自己相同。若雙方意見一致，就會感到一種肯定或安慰，如果發現雙方的意見有差異，就會有受刺激的感覺。

常常可以看到人們因爲表示出相反意見而得罪了朋友，所以許多專家和相關書籍總是勸人們收斂、圓滑些，不要表達自身的不同意見。但這種說話方式是很片

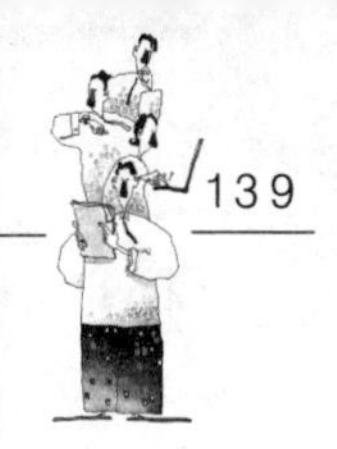

面、膚淺的，也是不誠實的表現。

無論有多麼愛面子，除了少數極愚蠢、狂妄的人以外，沒有人不希望擁有忠實的朋友。不妨設想一下，如果你認識一個人，對他說的每一句話都隨聲附和，絕口不說「不」字，會有什麼樣的結果？

也許第一次見面他很喜歡你，但是，不久以後他就會覺得你是一個圓滑、不可信賴的應聲蟲，選擇跟你劃清界限。

與別人意見不合時，究竟該如何表態？

首先，在細心觀察社會和人生百態後，你要明白一個事實：只要方法得體，向別人表達自己的不同意見，有時還會受歡迎。這是因爲，眞正得罪人的往往不是意見本身，而是不當的說話方式與態度。

應遵守一個說話原則：表達意見的時候，要假定自己的想法也可能有錯誤，不要強迫別人立即同意，給人充分的考慮時間，致力於做到既不言聽計從，也不固執武斷。

一方面，老老實實地說出自己眞正的看法，另一方面，誠懇地尊重別人的意見，這才是最理想的交談方式。

生活中，必定經常可以看見以下情形發生：兩人原本好好地在談話，卻不知不覺就爭執了起來，而爭論的僅是一些極其微小的事情。他們的觀點大體上一致，但都偏執地以爲對方完全站在自己的對立面，弄得雙方都非常不愉快。

這是最常見的溝通失敗案例，而導致的主要原因，是在表示不同意之前，忘記說或者以爲不必先說自己同意的部分。

難道不是嗎？人們在聆聽他人的長篇大論時，若發現其中某一部分與自己的看法不同，多會立即提出異議，而對方一聽這話，便會以爲提出的意見遭全盤否定，爭執由此產生。

能否在這樣的場合全身而退，考驗著說話本領的高低。一定要記住，先說明自己贊同的部分，然後再說明在某一點上你有不同的意見，如此，對方才可能較容易地接受你的觀點。

無論彼此的意見差距有多大，分歧又是多麼嚴重，只要不表現出絕對不可商量的態度，必定能找出解決方法。

凡善於談話者，必定會小心翼翼斟酌說話方式，不使溝通陷入僵局。只要談話之門沒有關上，就永遠不愁無話可說。

別輕忽與朋友相處時的言談態度

馬克．吐溫說：「靠一句美好的讚揚，我們能多活上兩個月。」這話雖然有些誇張，但明白彰顯了言語的力量，超乎想像。

培根曾說：「把快樂告訴一個朋友，你將得到兩個快樂；把憂愁向一個朋友傾吐，你的憂愁將會被分掉一半。」

相信沒有人會否認朋友的重要，他們能分享我們的正面與負面情緒，扮演生活中不可或缺的陪伴、支柱。但是，你懂得與朋友溝通交談的正確方法嗎？

與朋友談話，應遵循以下幾個原則：

●少講客套話

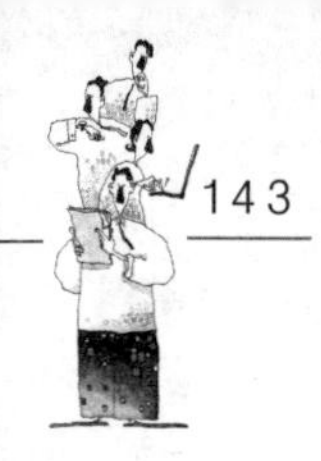

倘若你到一位朋友家裡作客，對方對你異常客氣，你每說一句話，他只有唯唯而答，滿口客套，一副惟恐你不高興、開罪於你的模樣。如此情況下，你必定會因此覺得有如針芒刺背，坐立不安吧！

你曾經歷過類似情形嗎？或者，你曾如此對待過自己的朋友嗎？

客氣雖然是一種禮貌，但必須斟酌狀況與對象做調整，而不是毫無節制地濫用，否則非但不能使人舒適，反倒感覺痛苦。

對於已相當熟識的朋友，談話的最主要目的，在於溝通雙方的情感，增加彼此的興趣，而客氣話，則好比橫阻在中間的牆，如果不把這堵牆拆掉，就只能做極簡單的敷衍酬答而已。

朋友初次會面，客套在所難免，但第二次、第三次會面就應少用如「閣下」、「府上」等詞，不然無法建立眞摯的友誼。

客氣話的用途，是用來表示恭敬或感激，而不是用來敷衍朋友的，所以要適可而止，以免流於迂腐、浮滑、虛僞。

若有人替你做了一件小事情，譬如倒一杯茶，表示「謝謝」即可，最多說句「眞是不好意思，麻煩你了」，但是有些人卻像領受了什麼大恩大德一樣，滔滔不絕地說：「呵，謝謝你。眞對不起，我不該拿這些小事情麻煩你，怎麼好意思呢？這種事情我自己來就行了，實在是……」

相信任何人聽見，都會覺得不舒服。

說客氣話的時候，像背熟了的成語似的，十分公式化地說出口，最易使人討厭。講話態度應溫雅，不可顯得過於急促緊張。還有，切記保持身體平衡，過多的打躬作揖、搖頭作態，反而更不「雅觀」。

把平時過分客氣的言詞改得坦率一些，一定可以享受到友誼之樂。

●朋友面前不自大

愛自我誇大的人是找不到好朋友的，因爲他們自視過高，不大理會別人的意見，只顧著自我吹捧，寧可和那些滿口奉承的人做朋友。

可想而知，如果讓這種人做生意，他會覺得只有自己才配賺大錢；如果讓這種人成爲藝術家，他絕對會以爲自己是一代大師。

但，眞正有修養的人不會隨便誇耀自己，過分自大者通常難成氣候，也很難與人展開良好的溝通。

千萬不要故意地與人爲難。有的人專門喜歡表示自己和別人的意見不同，如果你說這是黑的，他就硬說這是白的，下一次你說這是白的，他又反過來說它是黑的，這種處處故意表示自己與別人看法不同的人，和處處隨聲附和的人一樣，都是不老實的，會被人看不起，甚至被憎惡，是不忠實的朋友。

說話本身不是目的，表達自己的感情並與他人建立良好關係才是最大意義。相信沒有人願意做一個口才好卻不受歡迎的人，那麼，就不要爲了刻意表現說話口才而四處逞能，惹人憎恨。

很多人都有一種毛病：聆聽他人說話時，若發現其中有任何一點與自己的意見不同，就立刻強硬地提出異議，導致爭執產生。

一個眞正會說話的人，當碰上這種場合，會記得先說明哪一點或者哪幾方面，自己能夠同意，然後才指出雙方意見不同處。這樣做，對方不僅不會因爲面子掛不住而翻臉，也能從言語態度中感受到誠意。

不要抹煞朋友提出的意見，不僅要給予尊重，更該盡可能地稱讚其中優異、出色的地方。如此一來，何愁談話不融洽？

交談時，無論你和對方的意見差距有多大、衝突得多麼厲害，都要拿出一切可以商量的胸懷，並且相信無論有多艱難，都有辦法藉言語取得折衷平衡點，不致造成僵局。

● 誠心地讚美朋友

對朋友發出一番讚美之辭，不僅是加深友誼的成功秘訣，也能喚醒對方的潛在力量，提升自尊心，一舉從艱難困苦中超脫。

現實生活中，需要用到讚美的場合很多，因爲無論對自己、對他人，讚美的影響都是積極正面的。遺憾的是，人們對於司空見慣的事太不注意，沒有意識到人心對讚美的需要，平白浪費掉這項言語利器。

莎士比亞有句名言：「我們得到的讚揚，就是我們的薪資。」

從這個意義上說，每個人都可以是別人「薪資」的支付者，也應該慷慨地把這份「薪資」支付給你的朋友。

回想一下，平時最常聽到的抱怨是什麼？必定不是「太累了」或「太苦了」，而是「我做了這麼多，卻得不到一點肯定或感激」。由此可知，人們確實需要得到讚美，但肯付出這筆無形「薪資」的人實在太少。

有人說，讚美是一筆投資，只需片刻思索就能獲得意想不到的報酬，這話有些道理，但似乎又含有太多實用主義的功利味道。讚美不應該僅僅爲了報酬，更是溝通情感、表示理解的方式，如同微笑，是照在人們心靈上的陽光。

馬克・吐溫說：「靠一句美好的讚揚，我們能多活上兩個月。」這話雖然有些誇張，但明白彰顯了言語的力量，超乎想像。

因此，即使是和要好的朋友相處，言語上的態度拿捏也不容輕忽。

要聰明，不要被聰明所誤

無論對任何人、任何事，開口說話之前，千萬記得提醒自己：要比別人聰明，但不要告訴人家你比他更聰明。

伶牙俐齒並不算眞正會說話，所謂的說話高手，必定還具備一種能力——以言語激勵、成就他人之美。

安德魯・卡內基是美國的鋼鐵大王，白手起家，既無資本，又無鋼鐵專業知識和技術，卻成為舉世聞名的鋼鐵鉅子，使許多人大感迷惑不解。

某一回，一位記者好不容易得到訪問卡內基的機會，迫不及待地劈頭就問：「您的鋼鐵事業成就是公認的，您一定是世界上最偉大的煉鋼專家吧？」

卡內基一聽，哈哈大笑著回答：「記者先生，您錯了，煉鋼學識比我強的，光是我們公司，就有兩百多位呢！」

記者大感詫異道：「那為什麼您是鋼鐵大王？您有什麼特殊的本領？」

卡內基這麼說：「因為我知道如何用言語去鼓勵他們，使他們發揮自身所長，為公司效力。」

確實，卡內基創辦的鋼鐵業，是靠一套能有效發揮員工專長的制度，取得了蓬勃的發展。最開始，卡內基的鋼鐵廠因產量無法明顯提高，效益甚差。察覺問題所在後，他果斷地以一百萬美元年薪的高價，聘請查理·斯瓦伯爲總裁。

斯瓦伯走馬上任後，鼓勵日夜班工人進行競賽，工廠的生產情況迅速得到改善，產量大幅提高，卡內基從此逐步走向鋼鐵大王的寶座。

由此可見，卡內基是十分聰明的，如果一開始便自命爲最偉大的煉鋼專家，眞正的能人怎麼可能投入他的陣營、爲他效力呢？

法國哲學家羅西法有句名言說：「如果你想要得到仇人，就表現得比你的朋友更優越吧！」

爲什麼這句話是事實？因爲當朋友表現得比我們優越時，他們會產生一種自己是重要人物的感覺，但是當我們表現得比較優越時，他們就會產生一種自卑感，導致嫉妒情緒。

讓我們來看看接下來的這則故事。

某段時間，美國紐約市中區人事局最得人緣的工作介紹顧問是亨麗塔，但她並非一開始就擁有極好的人緣，甚至初到人事局的頭幾個月，在同儕間連一個朋友都沒有。你必定感到疑惑，這是為什麼呢？

因為每天她都在使勁吹噓自己的工作成績、新開的戶頭裡的存款數字，以及她所做的每一件事情。

「我工作做得不錯，並且深以為傲。」亨麗塔對成功大師拿破崙．希爾說：「但是，我的同事不但不分享我的成就，還表現得極不高興。我感到很難過，因為自己是如此渴望這些人能夠喜歡我，希望與他們成為好朋友。」

「在聽了你提出來的建議後，我開始少談自己，多聽同事說話。我發現他們其實也有很多事情渴望吹噓、分享，且因為我願意聆聽而感到興奮不已。現在，每回有時間在一起閒聊，我都會讓他們把歡樂告訴我，只在他們問我的時候，才稍微說一下自己的成就。」

想要在人際相處中如魚得水，首先得培養出聆聽的態度和雅量，再來，要提醒自己：不要在言語上表現得太「聰明」，尤其當對方犯錯時。

切記，無論採取什麼樣的方式指出別人的錯誤，一個蔑視的眼神，一種不滿的腔調，一個不耐煩的手勢，都有可能帶來難堪的後果。

你以爲對方會心悅誠服地同意你所指出的錯誤嗎？絕對不會！因爲你否定了他的智慧和判斷力，打擊了他的榮譽感和自尊心，同時還傷害了他的感情。他非但不會改變自己的看法，還會想要狠狠地展開反擊，這時，無論你再搬出多好聽的言詞彌補，可能都無濟於事。

永遠不要說這樣的話：「看著吧！你會知道誰對誰錯的。」因爲這等於在說：「我比你更聰明、更優秀。」實際上，等同於一種挑戰。

在你還沒有開始證明對錯之前，對方已經被激怒並準備迎戰了，這對解決問題有什麼幫助？爲什麼要爲自己增加困難呢？

某位年輕的律師，參加了一個案子的辯論，因為案子本身牽涉到大筆資金，可說相當重大。辯論過程中，最高法院的一位法官突然對這位年輕律師說：「海事法追訴期限是六年，對嗎？」

他當即愣了一下，接著轉頭以驚訝的眼光直視法官，率直地說：「不！庭長，海事法沒有追訴期限。」

後來再回顧，這位律師說：「當時，法庭內立刻靜默下來，似乎連溫度都降到了冰點。雖然我是對的，也如實地指了出來，法官卻沒有因此而高興或欣慰，反而臉色鐵青，令人生畏。」

「為什麼呢？答案顯而易見，儘管事實站在我這邊，我卻因為不會說話而鑄成

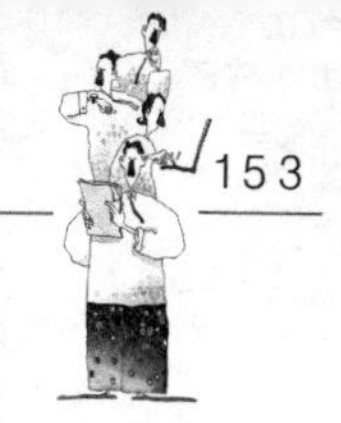

一個大錯，居然當眾指出一位聲望卓著、學識豐富的人的錯誤。」

是的，這位律師確實犯了一個「比別人正確」的錯誤。在指出別人錯誤的時候，我們必須把話說得更高明一些。無論對任何人、任何事，開口說話之前，千萬記得提醒自己：要比別人聰明，但不要告訴人家你比他更聰明。

對自己的成就輕描淡寫，抱持謙虛態度，必定最受歡迎。

高明的道歉技巧必不可少

犯錯之後，若決定道歉，就該馬上去做，因為時間的長短與道歉的效果成反比，越早設法彌補，成效越好。

道歉，是一門值得鑽研的說話藝術。衷心道歉不但可以彌補破裂的關係，還可以增進感情。當他人對自己表示出誠摯的歉意，誰能不感動？原諒別人的錯誤能清除心中的怨恨情感，寬恕不僅僅是美德，更對健康、對情緒都大有好處。

眞正的道歉不只是認錯，也等於承認自己的言行破壞了彼此的關係，而這關係的重要性非同小可，所以希望能重歸於好。

美國總統羅斯福相當善於處理和新聞記者的應對進退，有一回，《紐約時報》派記者貝賴爾駐白宮，按照慣例，白宮新聞秘書引他來謁見總統：「總統先生，您是否認識《紐約時報》的菲力克斯．貝賴爾？」

只聽見一個渾厚有力、充滿自信的嗓音傳來：「不認識，我想我還沒得到那份快樂。不過，我讀過他的東西。」

這說句話確實說得非常好，「我讀過他的東西」，對一名記者，絕對是極大的肯定。毫無疑問，透過短短一句話，羅斯福巧妙地在彼此初次見面時創造了良好的氣氛。

但在某些時候，羅斯福也會顯得不近情面，幸而他懂得補救，用言語彌補裂痕，重新建立關係。

一次，羅斯福在記者招待會上進行長篇演講，措辭激烈，貝賴爾卻在底下打起了瞌睡。只見羅斯福突然停下來，大聲吼道：「貝賴爾，我才不在乎你代表哪家報紙，但既然在這兒，你就得做筆記！」

不難想見，對貝賴爾來說，美國總統對自己大吼大叫，使他難受得簡直想找個地洞鑽下去，或是衝上講台把羅斯福揪下來，但他什麼也不能做，只能非常難堪地忍耐著。

衝突歸衝突，招待會結束後，羅斯福仍然如慣例般和記者一同談笑，簡短地交換意見，相互之間毫無拘束地閒聊，氣氛極為融洽。他甚至突發奇想為記者取綽號，說貝賴爾應該叫「魯漢」，因為像《紐約時報》那樣嚴肅的報紙，內部應該要有一個叫「魯漢」的人。

雙方瀕臨破裂的關係，順利地在玩笑中重獲肯定。

還有一回，羅斯福在記者招待會上斥責一名記者，但他馬上察覺到自己把話說得太重。事後，記者主動表示歉意，說自己前晚不該玩牌到凌晨四點，以致今天精神不佳。

想不到羅斯福卻說，撲克牌真是有趣的好玩意，自己已經好長時間沒和朋友一起玩了，實在懷念得很，且馬上要求秘書去張羅一頓自助晚餐兼牌局。

放眼世界各國，很少有政府官員能和媒體記者建立起良好的互動關係，羅斯福可說是其中的佼佼者。

看完以上幾則事例，相信你必定會同意，他具備了相當高明的說話技巧。

羅斯福能訓人，也能反省自己是否做得太過分，並眞誠、主動地表示歉意。這提醒了我們：該道歉的時候，爲何不能坦然低頭認錯？高明的言語技巧加上誠懇友善的態度，絕對是讓你在任何環境都無往不利的關鍵。

當然，當我們道歉時，也可能會碰上對方不原諒、碰了釘子下不了台的窘況，這時候，該用什麼樣的態度應對？

首要，應認清一點，既然是自己錯了，對方會生氣當然合情合理，苦果還是由自己吞下爲好。

其次，應該藉積極的分析找出原因，也許是因爲自己道歉的方式、場合等不太恰當，導致了不理想的情況。

道歉並非恥辱，而是真摯誠懇且富教養的表現。道歉是值得尊敬的事，不必奴顏卑膝。要告訴自己：想糾正錯誤是堂堂正正的事，何羞之有？

犯錯之後，若決定道歉，就該馬上去做，因爲時間的長短與道歉的效果成反比，越早設法彌補，成效越好。

道歉認錯和遺憾經常被混淆，但實際上，兩者的概念截然不同。如果自己沒有錯，則不必爲了息事寧人輕易認錯。沒有骨氣、沒有原則的做法，不可能帶來多少好處。

敢於道歉是一種勇氣，也是有教養的表現，道歉能使友人和好、化敵爲友；也能使陷入僵局的人際關係重新獲得進展；更能使家庭和睦、彼此愉快、工作順利、同事融洽相處。

它是一種高明的說話技巧，人際關係中必不可少的潤滑劑。

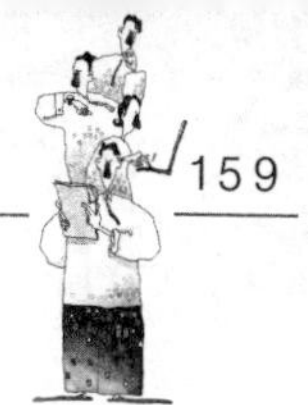

適度自誇是高明的說話方法

並不是身處任何場合、從事任何事情都適合謙虛。過度自謙退讓的說話態度，反而容易給人「沒用」的錯覺。

謙虛是一種美德，更是有效拉近自己與他人間距離的說話秘訣，但不可過分濫用，否則將產生反效果。

事實上，當某些特定時刻，我們非但不可謙虛，更要極力自誇。

從古至今，「自誇」的成效驚人已是不證自明的道理。毛遂若不勇於自薦，自身長才必定不會被發掘。蘇秦、張儀遊說列國，鼓吹合縱或連橫，都是在自讚自誇外交方針、軍事策略的高明。

由此看來，早在春秋戰國時代的外交舞台與上層社交場合，自讚自誇就已成爲極普遍的現象。可惜的是，後來的民間人際交往演變，卻逐漸形成了一種偏激而保守的傳統見解，視自謙自貶爲美德，視自讚自誇爲狂妄。

現代化開放風氣下，商品經濟發達，人際交往頻繁，新產品、新精神以及新行業、新知識和新人才不斷湧現，導致了競爭的激烈白熱化。若不懂得適度自誇，你的優點會有誰知曉呢？

不過，要釐清一個觀念：自讚自誇與自吹自擂，兩者是截然不同的。前者以事實爲基礎，講究說話的方式方法，進行適當的藝術加工；後者則純屬不顧事實眞相牛皮、空話。

那麼，如何才能做到適度、聰明的自讚自誇？

自讚自誇的首要法則，要實事求是，符合實際情況，符合科學規律。誇大其詞達到違反常規的地步，只會降低可信度與效果。

其次，自讚自誇應有明確的目的。無論是招聘人才、購買商品，都有一定的規格、要求，若你的優點非對方所需，你的長處非對方所急，再高明的自讚自誇都無異於對牛彈琴。而要了解對方的所急所需，就必須事先進行調查，掌握眞實現況，做到知己知彼，心中有數。

再者，自讚自誇既可以直接出自本人之口，也可以轉借他人之口，最好還輔以如獎狀、獎品、名人評介、新聞傳播媒體的表彰等證明，增強可信度和說服力。

自誇千萬不可過度，以免引起聽者反感。最聰明的方式是做到小貶大褒、輕貶重褒，既體現實事求是的態度，又給人留下謙虛的好印象，全然無損自身形象。

我們當然不能否認謙虛的好處，然而，並不是身處任何場合、從事任何事情都適合謙虛。過度自謙退讓的說話態度，反而容易給人一種「沒用」的錯覺，實際上並不聰明。

談話藝術，男女有別

在一般的討論場合中，女人熱衷於提出更多的話題，男人則正好相反，習慣於嚴格控制談話主題。

俗話說，男女有別，將這句話引申到語言上也同樣適用。了解男女之間的語言差異，會使你在人際交往上更胸有成竹、左右逢源。

首先，在說話表現上，男女兩性間存在一個極明顯的差異和特色：男人的講話時間比女人多。

或許乍聽有些難以置信，但事實確是如此。如果一個團體裡有男也有女，那麼男人的說話時間多半比較長，公開發言的狀況也比較踴躍，女人則傾向於私底下的個別交談。

在男女共同組成的團體裡，插話行爲百分百是男性所爲。如果團體本身只有男性或女性，則成員之間互相插話的比例相當。

不管說話者是男是女，女性聽衆比男性更會注視發言者。男人卻很有可能因此產生刻板印象，以爲女人的這種行爲是在刻意賣弄風騷。

儘管較少公開發言，女性的語言學習能力通常比男性快，並因爲天生的語言優勢，容易在言語交鋒時佔便宜。

在一般的討論場合中，女人熱衷於提出更多的話題，男人則正好相反，習慣於嚴格控制談話主題。因此，女人常會覺得受到排擠或無聊，男人則認爲女人浮躁善變、缺乏專注精神。

女人通常以持續的點頭動作來表示自己正專心聆聽，男人則只有在贊同對方的話時才會點頭。結果，男人常誤以爲女性同意他的看法，女人則認爲男性對她的話毫無興趣，根本無心聆聽。

此外，女人較常使用補充字眼，把事實的程度誇大化，例如，她們對任何人、任何事物都會說「很好」、「太棒了」、「眞不錯」。男人因此抓不住女性話中的重點，或者認爲這些話不可信，女人則覺得男人的聽力和理解力實在有問題，「孺子不可教也」。

不止語言，男女在說話時的情緒上，也存在著相當明顯的性別差異，而長期以來，對於男女該有怎樣的情緒，使用什麼樣的表達方法，有約定俗成的一套。

男性普遍較具攻擊性，會以激進的言詞和行爲來表現困惑、恐懼、痛苦，甚至愛意，相較之下，許多女人在感到生氣時，反倒表現出微笑或迷惑的樣子。

確實，從傳統上來說，女性是比較情緒化的，但實際上，女性的表情和言語經常和內心感受的眞實情緒截然相反。

女人常常用生氣、激怒、抱怨等情緒掩蓋內心的幸福和喜悅，男人則常以外表的樂觀自大、不可一世掩藏內心的失落、自卑和寂寞。交往中，要注意到這些差異，不被言語或表情矇蔽、誤導，體察對方實際的情緒，給予正確的回應。

05 摸透人心再開口

說服之前，必須了解對方。付出的心力越大，設想越周密，話就能說得越好，成功的機率自然更高。

合適的言語特質讓你更受肯定

不僅要注意到男女語言的不同特質，掌握優點，更要進一步培養出能展現自身個性特點的說話方式。

每個人身上必定都有一些「特質」，它們可能是天生的，也可能是後天培養出來的。若能巧妙配合自身性別，塑造出合適的、容易被接納的言語特質，必能讓你更吃香。

● **適合男性的言語特質**

如果你是男人，想要說話鏗鏘有力、擲地有聲，就該培養出以下特點：

• 豪爽

男性要性格豁達，語氣直率，表現出豪爽坦誠的性格和品質。項羽的「力拔山兮氣蓋世」，劉邦的「大風起兮雲飛揚」，都顯示出男性語言粗獷率直的氣勢，讓聽者感受到強大的力度和氣度，深深被折服。

・理智

有句俗話說，感情是屬於女人的，而理智屬於男人。

當然，這話並非百分之百正確，但在絕大多數情況下有相當可信度。即便是同一件事情，男性與女性的表述角度多有不同，女性重於感性，男性則重於理性。

・瀟灑

有的男人說話吞吞吐吐，不敢痛快地說出來，不能算是眞正的男子漢。乾脆俐落、灑脫豁達、直抒胸臆，這才展現出男性語言應有的瀟灑。

此外，語言邏輯的嚴密、語句的簡練準確等，也都是男性語言的重要特點。能夠以這樣的態度說話的男性，比較受歡迎。

・適合女性的言語特質

女人素來較善良溫柔，這種美德也體現在語言中。身爲現代女性，要在競爭激烈的社會中求生存發展，更應了解女性語言的特點，充分展示獨特魅力，從而使自己更具優勢，成爲人見人愛的新女性。能充分展現女性魅力的語言態度，應滿足以下特點：

・理解

人天生就有一種心理需求，希望得到別人理解。而女性普遍比男性更富同情心，更善於體恤別人、與人進行心靈的溝通，以滿足對方的心理需求。飽含深深理解的語言，最能打動人心。大凡眞摯不變的友誼、纏綿熱烈的愛情，都必須建立在相互理解的基礎上。

・溫柔

溫言細語、謙順溫和，是女性特有的語言風格，使人備感親切。有人說「女人不能弱，弱了被人欺」，因此出現了「罵街潑婦」，說話比男人還粗魯，這其實是捨近求遠，放棄了自身的優勢，轉而追求劣勢。只要運用得當，誰說溫柔不能是一種利器？

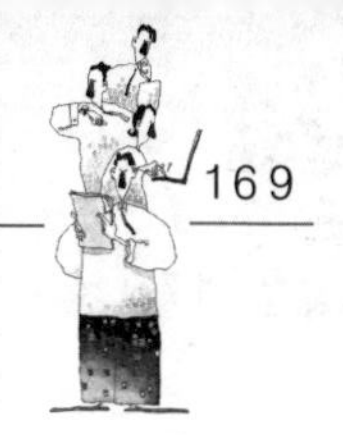

・含蓄

女性大多是含蓄的，與人交談時，常常不直陳意見和看法，而是拐彎抹角、正話反說，或者巧用寓意象徵、委婉迂迴，從而給人無限遐想空間。

這種說話方式有一個極大好處，就是避免了直接觸碰他人的痛處，因言語不慎而樹敵。

在提出不同意見、批評或拒絕時，尤爲重要。

・多情

女性語言與男性語言的最大區別，是男性注重理，女性注重情。

多情是女性語言的一大特點，也是一大優勢。

飽含感情色彩的語言，在人際交往中，能喚起對方的情感，使雙方產生感情上的共鳴，促使關係更加緊密。

用多情的女性語言和丈夫或戀人交流，會使情感之花更加艷美；去安慰親朋好友，會更容易達到撫慰對方心靈的目的；去激勵同事，能使人產生極大的進取心和力量。

多情是女性語言的優勢，充分發揮，能產生意想不到的力量。

人們的溝通模式越發多樣化且個性化，我們不僅要注意到男女語言的不同特質，掌握優點，更要進一步培養出能展現自身個性特點的說話方式。有些節目主持人，在進行人物專訪時，爲了讓被訪者說出實情，並儘量地了解情況，言詞多相當犀利，令被訪者防不勝防。

這就是他們的說話特色，也是言語魅力所在。

了解對方的語言特點，樹立自己的語言風格，有助於增添自身的社交魅力，達到戰無不勝的目的。

摸透人心再開口

說服之前，必須了解對方。付出的心力越大，設想越周密，話就能說得越好，成功的機率自然更高。

與人交流溝通過程中，免不了會碰上意見分歧的時候，這就是對雙方說服能力高低的最大考驗。

說服之前，需要先花費相當的精力去熟悉和了解對方，盡可能將相關資訊收集完備，精心選擇適合的說服場所，仔細尋找最合宜的時機，擬定最可能被接受的說服方法。

準備階段的工作成效，會直接關係到說服的效果。

在準備階段，主要應做好以下幾項工作：

• 掌握資訊

要說服一個人，首先需要弄清楚他究竟在想些什麼，他苦惱的原因是什麼，他的認知層次水準大概在什麼樣的程度。

只有先掌握說服對象的想法，才能觸及他們的內心，達到目的。說服者應妥善運用平時觀察分析累積的經驗，透過調查、走訪、察言觀色，掌握第一手材料，一舉解決問題。只要思想資訊的傳遞管道保持暢通，必定能夠理解對方的想法，進一步走進神秘的心靈殿堂。

但在深入細緻的了解過程中，不能排除獲得的材料屬於道聽塗說的可能，所以不可完全被獲得的資訊左右，要輔以多方面驗證分析，從眾說紛紜中，做出最符合實際的歸納判斷。

• 摸清情況

希望自己說出的話達到效果，必須了解聽話者，摸清他的思想素質、文化素養、性格氣質、社會關係和生平經歷。

一個人的思想情緒不是憑空產生的，除了一定的客觀原因推波助瀾，還與本人的素質、經歷乃至所處的環境有直接關係。

爲什麼同樣一件事，在某個人身上不產生任何反應，換到另一個人身上，卻成了天大的問題呢？

一言以蔽之，完全是由人與人之間的差異性所造成。

明白了這個道理，就能理解「全面掌握說服對象」的重要。

1. 思想素質方面，主要應摸清對方屬於哪個層次。
2. 文化素養方面，主要應知道對方的教育程度。
3. 性格氣質方面，應了解平時的脾氣和性格屬於何種類型。
4. 社會關係方面，應了解相關的家庭人員構成情況。
5. 生平經歷方面，應弄清楚影響重大的事件。
6. 經濟方面，應儘量設法獲取與個人收入、家庭經濟來源、生活水準相關的確實資訊。

• 抓住焦點

把握住與說服對象之間的意見分歧點，才能達到「有的放矢」，讓雙方的思想相碰撞並迸出火花。準確抓住焦點，你的思想觀點才能融入對方的思想觀點，從而如願進行深化或者改造。

• 設想對策

說服，不可能完全按照自己預先設計的思路，一帆風順地向前發展，多會由於種種原因導致梗阻出現。所以，說服之前既要充滿信心，又不可盲目樂觀。

爲了順利地達到說服目的，必須在行動展開之前，自我設計幾種假設的障礙及破除對策，演練至熟悉爲止。

• 確定方法

上述情況的了解，是確定整個說服工作採用何種方案的依據。

確定說服方法，既要考慮到對方的心理特點和承受能力，又要考慮自己對不同說服方法的駕馭能力，找出最適宜者。

大體上，確定以某種方法爲主的同時，還要多準備幾種方案，萬一情況突然生變，就立即加以調整。行動之前，需要花費相當大的精力去熟悉和了解對方，這是不可免的。

付出的心力越大，設想越周密，話就能說得越好，成功的機率自然更高。

提高說服力，從「七大竅門」開始

任何人都希望能輕鬆地說服他人，但千萬不可誤解說服的本意。它與饒舌之間的差別，絕不僅止於十萬八千里。

留意周遭，必定會發現一種現象：有的人不費口舌就自然具備說服力，而有的人即使滔滔不絕，也找不到願意洗耳恭聽的聽衆。

因此，應該建立一個正確觀念：說服力高低並不取決於能否能言善道，而決定於能否適時說出適當的言辭。

當然，有人天生就具有說服力，但是一般來說，說服力是靠後天的經驗和努力培養出來的，且能夠藉認眞的進修、訓練，得到有效提高。

以下，提供提高說服力的「七大竅門」。

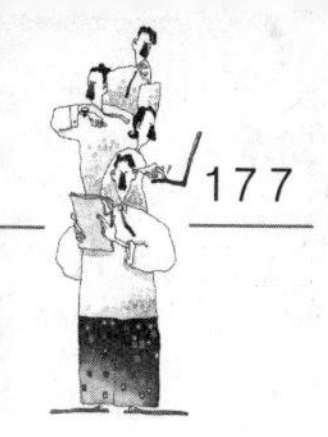

●掌握要點和難點

大部分人都希望能有力地說服他人，在短時間收到效益，但能眞正掌握「要點」者卻非常少。

與其一味威脅或否定，倒不如明白地告訴對方「如果不這麼做，公司就會有危險」、「這樣會給大家添麻煩」、「如此才可以拓展前途」、「必須拉攏他加入我方的陣營」，如此才算符合說服的初步需要。

切記，想不費吹灰之力就說服對方是不可能的，必須徹底檢討自己的意見，表明最低限度的要求。若抓不住意見的重點，不但無法說服對方，反會招致反擊，最終不得不知難而退，無功而返。

要是無法將該說的話明確地表達，一開始就心生膽怯，擔憂著「我眞的能順利說服對方嗎」或「萬一遭到拒絕該怎麼辦」，甚至認爲「對方說的也有道理」，就已失去了獲勝的契機。

說服的基礎不夠穩固，必定想不出「有效說服對方」的手段和方法。在談話展開前先檢查談論的內容是否必要，釐清自己的思緒，然後再開始進行說服，才可能事半功倍。

●掌握對方心理

不考慮對方，只單方面談論自己的事，不但無法打動人，反會顯得疏遠。因爲從感情與理性兩方面來說，強迫性做法會使人在感情上產生不悅，脫離要點則會導致理性上無法理解。

想要讓自己更會說話，首先需要訓練的是「靜聽」。

任何人都希望站在說服者的立場，不喜歡被人說服，更有甚者認爲被說服是一種恥辱。若不能使對方保持平靜，消除壓迫感，說服不可能成功。因此，與其自己一股腦地發言，倒不如聽聽對方的想法，從談話內容中謀求進一步了解。

給予對方發表意見的機會，可以緩和緊張氣氛，進一步使他對你產生親切感，更重要的是，能從談話中抓到說服工作的著力點。

那麼，要如何才能讓對方發表意見？

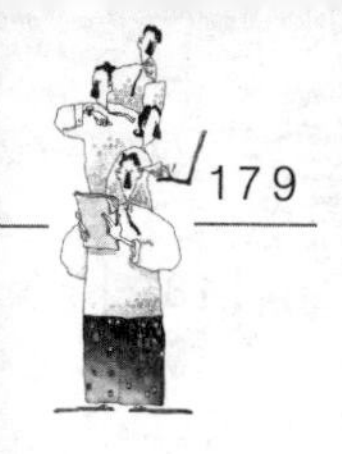

成功的案例告訴我們，不妨先誘導談論感興趣及關心的話題，這對掌握心理有相當大的幫助。

抓住被說服者喜歡的話題，或者最切身的問題，由此找出關心的目標，深入探究，他自然會道出自己的看法，吐露出重要內容。

●周密的論證

不能夠具體表明的要點，不具備說服力。同理，不得要領的要求，也無法得到期望的效果。

對他人有所期望，希望達到目的時，必須藉周密論證確保正確了解。

有些時候，雖然下命令的人知道自己的意思，執行命令者卻不了解，可想而知，結果必定不會太理想。

在工作方面，說服時，要具體地提示計劃、說明理由、內容、完成日期及要求的成果，不如此提出，就很難說動對方去辦，再怎麼激勵，他也不知從何下手。

人之所以會有積極意願，是因爲得到充分發揮自身能力的機會。唯有將才智與能力發揮到極致，才能體會到工作的意義。

● 發揮他人才智

使對方發揮才智，首先須告知他想知道的事。若欠缺確切的指示，必定會因為處在不明事理的情況下，導致不滿，破壞和諧。

主動告訴對方「你的立場是……你的行動是……最後的目標是……」明確給予提示，並要求「我想借助你的智慧，請務必盡力」，說服到此地步，多能有效鞏固意願。

越了解情況，越有助於融入，做起事來更容易。例如，明示對方「這件事的結果是」、「你下次應該這麼做」等等，把自己想獲得的結果具體明確地告知，同時應在明示的過程中，應做到廣納建言，提高整體的參與意識。

如此，才能稱之為周密的說服。

● 引導對方

說服，就是懇切地引導他人，按自己的意圖辦事。

如果不以懇切的態度進行說服，只想藉暫時的策略瞞騙，或許一時能收到效果，但絕對無法使說服者與被說服者間得到長久的和諧。

當說服者暗自高興「成功了」時，被說服者卻感到「上當了」，絕對是最拙劣的說服方法。

● 讓步

懇切地引導對方，使得到了解與滿足，這時，雙方的滿足度約各爲五十％，若是期望被說服者再做些許讓步，必須相應地讓他得到更多滿足感，否則非但無法達到心服口服的境地，甚至根本無法談攏。

說服，必須得到令雙方都滿意的結果，否則不算成功。

換句話說，說服者必須讓對方認爲「哼！這次是因爲我讓步，他才能成功地說服我」，如此的滿足感，就是懇切引導的最好效果。

爲此，說服者在達到目的後，應主動、積極向被說服者表示「眞謝謝你」、

「沒有你的幫助我就完了」、「你如此幫我忙，我會銘記在心」等，以實際行動滿足對方的虛榮心。

●建立信任關係

有的人在說服時，會特別用親密的態度或語言接近對方，但因為太過刻意、虛假，不僅無法達成目的，還引起戒心，甚至受輕視，排斥，得不償失。

要知道，信任非常重要，只想以自己的方便操縱對方，遲早會受到孤立。有意與人交流，建立並維持信任是必不可少的條件。

信任的關係，寓於日常生活中。得到他人認同，且自認不辜負他人，將有助於建立信任，達到圓滿的說服。

任何人都希望能輕鬆地說服目標對象，但千萬不可誤解說服的本意。要知道，它與饒舌之間的差別，絕不僅止於十萬八千里。

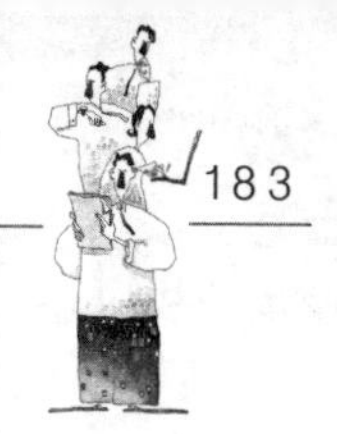

不但口服，更讓人心服

說服別人，光是自認為理由充足還不行，更要掌握對方的心理特點與需求，達到心服口服，一切任由你作主。

有些人認爲，說服只是一種單向行爲，你覺得呢？

在美國，曾盛行過一種形容人際關係的「槍靶理論」，認爲說服者等同於舉槍打靶者，被說服的對象理所當然就是槍靶，只要做到槍舉靶落，「砰」的一聲，讓目標應聲倒下即可。

但事實證明，這種理論是荒唐的，不夠周全，因爲純粹的、單方面的說服並不能使人口服心也服，不算是一種好的說話技巧。

究竟該如何著手，才能使人心甘情願地接受你的意見？

探究問題的答案，可得出下列幾項必須注意的要點：

●不要威脅對方

說服者往往認爲自己是好心，是從對方的利益出發，並沒有威脅的意思，但眞正付諸言語就不是那回事了。

媽媽對孩子說：「你不多穿件衣服，等下就凍死在外面。」

孩子一聽，馬上回嘴：「凍死就凍死，不要妳管。」

媽媽的勸告是出於好心，得到的卻是逆反結果，正是因爲話中透露出的威脅意味讓孩子無法接受。

「如果你再不申請參加球隊，我們就不要你了。」

試想，面對這種話，正在考慮加入的人會如何回應？想必會大感不快地回絕道：「那正好，我根本就不想參加。」

●讓你的觀點中有他的一份

說服過程中，營造出「身處同一陣線」的氣氛，成功率較高。

「你曾說過抽煙不好，也勸過我不要抽煙，不是嗎？既然如此，爲什麼現在卻要抽煙呢？」

使對方產生錯覺，彷彿不是別人在說服自己，而是自己在說服自己。如此一來，被說服者所擔心的「投降」壓力解除，任何話自然都好說。

如果想說服一位失戀的朋友不要自卑，千萬不要找一個總能順利縱橫情場的人出馬，因爲這種接近本身就反襯了對方的痛苦，導致「飽漢不知餓漢饑」的抗拒心理產生，必定收到反效果。

改找一位剛從失戀煎熬中站起來的朋友與他談，就容易達到目的，使他接受勸告，因爲彼此處境相同。

●尊重人格

進行說服，可多用討論、提問方式，切記不要涉及過度尖銳的評論，更不可揭人隱私。話要講得彈性些，給自己修正的空間，不要講死。

簡單說，就是做到「對事不對人」。

語言中應避免出現「你應該」、「你必須」之類的詞語，多用商量的口氣，如「我們討論一下有幾種解決方法」、「能不能有更好的辦法呢」等等。

這種說話方法的巧妙處，在能使對方於不知不覺中更客觀地看待自身，避免情緒障礙。

● 讓對方把處境的困難講出來

急於求成、急功近利是說服者的常見心態，而被說服者的心境和處境，則相對地常被忽略。能否體諒被說服者的心境，就是成敗關鍵。

冒失的說服者總是一開頭就強調對方的錯誤，嫻熟說話藝術者則不然，必定會先讓對方將心中的矛盾、苦惱講出來。

研究資料顯示，凡是願意將困難或不滿講出來的人，他的心扉實際上已經敞開，準備接受幫助，相對的，沉默不言則是拒絕一切的表現。

•避免讓對方反感

說服的方法不對，非但不能解開僵局，更會使聆聽者產生敵意。

這種情況的發生，多導因於談話間表露出不滿或厭惡情緒，也可能是說服者操之過急、逼人太甚。所以，不希望糾紛越演越烈，首先要避免以上兩種容易激起敵意的態度。

另外，當對方的情緒過分激動時，對是非的判斷力、意志的驅動力都會變得「模糊」，處於抑制狀態。這種情況下，任何「強攻」都難奏效，不如暫停說服工作，讓彼此冷靜一下，釐清思緒，換個時間與地點再開始。

心理學研究發現，某一件事在頭腦中形成強烈的刺激反應，一時無法抑制，但睡了一覺後，情緒便會淡化，這就是「睡眠效應」。這也證明了一個道理：適度停頓，對扭轉認識、穩定情緒有很大幫助。

說服別人，目的是使人跟自己走，光是自認爲理由充足還不夠，更要掌握對方的心理特點與需求，達到心服口服。

古希臘哲學家蘇格拉底認爲，他從來沒有要教訓別人什麼，只像一個靈魂的催生婆，幫助人們產生自己的思想觀點。說服者必須掌握「催生」的藝術，也唯有達到如此境界，才稱得上是眞正的說話高手。

說話不得體，傷害的將是自己

想法和行為必須要一致，如此才能夠帶給別人和諧的感覺，也們才會願意聽你把話說完。

討厭一個人，並不一定需要在言辭上聲色厲疾，大聲吆喝，可以使用「口是心非」戰術，表明自己的不快。

有一位出名的花花公子，每次打算與同居的女子分手，總是這麼說：「我喜歡妳，妳眞是個好伴侶。」

口頭上雖然濃情蜜意，表情卻是冷冰冰的，對方聽了就明白這段關係該告一段落，必須悄然引退。

日本知名作家吉行淳之介，對於由「口是心非」戰術引起的不愉快，有一個比較突出的解釋：「所謂的不愉快，並不是當你蹲在廁所裡方便時，被一位妙齡女郎猛然推開門的那種錯愕，而是當你孤單一個人投宿旅館時，聽見一陣敲門聲，接著走進來一位類似應召女郎的妖艷女子。她雖然連聲說：『對不起，對不起，我走錯房間了。』可是卻一直賴在房裡不走，那才是真正的不愉快！」

運用「口是心非」戰術，就在於造成強烈不快感受。這無異是一種內在和外在的相互衝突，足以引起對方精神上的震驚和不悅，並造成效果長遠的震撼。

當有聲的語言和無聲的想法相互矛盾，便是種不誠實的行爲，女人最討厭面對這種態度。對於女人，應用此類戰術多能奏效，幾乎萬無一失。

但是這方法不能過度使用，用多了會讓自己迷失本性，等到人人都以爲你就是這種人時，必會受到大衆唾棄。

《推銷員須知》的第一章，開宗明義地說：「說話時要不斷注意自己的聲音，聲音如果太小，客人聽不清楚，如果太大聲，說不定客人會把嚇跑。」

這也正提醒我們想法和行爲必須要一致，如此才能夠帶給別人和諧的感覺，他們才會願意聽你把話說完。

語言的心理戰術，要善自爲用，更應得當使用，如此才能夠幫助你打好人際關係，成大功、立大業。

切記，如果使用得不得體，將足以完全毀掉你自己。水能載舟，亦能覆舟，說話之前，少不了謹慎三思。

比較級用詞讓人無法推辭

應妥善運用形容詞，以比較級來取悅對方。比較級用詞最容易提升聆聽者的自尊心，因此也具有較大的影響力。

美國著名廣告設計師霍依拉，有一回接受國際紅十字會之請託，以及其他基金勸募勸募團體的要求，代爲推展資金勸募工作。

他以一種別出心裁的做法展開工作，藉電話以及挨戶訪問，雙管齊下，居然得到了很多人的支持。

說起基金勸募，不管名目有多麼冠冕堂皇，總是一件吃力不討好的事。

如果直接開口詢問：「請捐獻一點善款作爲基金好嗎？」對方往往會毫不遲疑

地斷然拒絕。

爲了避免這種狀況發生，霍依拉總是先聲奪人，以親切、友善，老朋友般的口吻說：「您好，今年打算捐『多少』給我們作爲基金呢？」

對方原本也許打算一分錢也不捐，但是在這句話中，霍依拉以「去年已經捐過了」作爲前提，於在不知不覺中滿足對方的自尊，因此，大多數人會自動地慨然答應，掏出錢來。

在自尊心受到滿足之後，人便很難鼓起勇氣狠下心去拒絕別人了。霍依拉的一個「多少」形容詞，發揮了大大的作用。

有位心理學家蒐集了一百種以上的大衆性刊物，研究其中所有廣告，並且分門別類地加以比較，了解哪一種形容詞被使用得最多、最廣，最後竟然意外地發現，比較級形容詞被應用得最普遍。

「牛奶，讓你『更』健康！」

「口紅，讓妳『更』迷人！」

「電冰箱，使你的家庭生活『更』加美滿幸福！」

透過比較級形容詞或副詞的「加持」，這些廣告雖然沒有把被比較的對象明白地表示出來，但已足以令人陶醉了。

消費者總是會在不知不覺中，被廣告引入比較級的狀態裡，從中獲得滿足，因此，它也具有較大的影響力。

交談中，應妥善運用形容詞，以比較級來取悅對方。比較級用詞最容易提升聆聽者的自尊心，讓他更樂於「捐獻」。

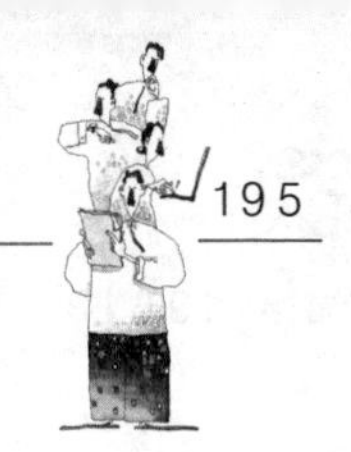

以退為進，誘獵物掉進陷阱

「以退為進」原則能在不知不覺中迫使對方做出大幅度讓步，落進「禮遇」的陷阱中，吃虧上當。

人的心理不但複雜，且奧妙得不可思議。很多時候，如果自己搶先退讓，對方反而會表現得比你更客氣。

第二次大戰期間，產業界嚴重缺乏人力資源，因此零售業者想盡辦法從各方面減少送貨人手，有一家商店便巧妙利用了上述心理。

當顧客買下大批貨物後，店員會主動且客氣地詢問：「是否需要我們派專人將貨品送到府上？還是您自己順路帶回去？」

結果，大多數客人都表示願意自己將物品帶回家。短短兩年之內，那家商店的送貨量便減少了七十%左右。

由上述所舉例子，我們可以知道，當一個人潛意識裡的願望、要求完全如願以償，心中多半會產生輕微的罪惡感，願意稍做讓步，答應對方的請求，否定自已原本抱持的意圖。

這種策反心理，應用在職場管理中也同樣行得通。

某公司業務遽增，員工們已經連續加班好幾天，主管實在開不了口要求員工再加班了，但堆積如山的業務又非得完成不可。

此時，不妨改變口吻詢問：「今天實在太累了，我不知道是讓大家早點回家好呢？還是再加一天班好呢？」

採用這種說法，絕對比強硬地說：「今天再加班一天！」更爲巧妙。

使用商議性口吻說話，能夠降低對方的抗拒心理。

這是一種「以退爲進」原則，能在不知不覺中迫使他人做出大幅度讓步，落進「禮遇」的陷阱中，吃虧上當。

做一個能和上司談判的好員工

談判當然不僅靠專業知能，更要靠其他各方面的素養展現，要求的是一個人的綜合素質。

請先設想以下情況：某名員工在心裡憋了一肚子不滿，某天，終於在衝動下鼓起勇氣，闖入老闆的辦公室，氣勢洶洶，怒不可遏，脫口說出一句：「老闆！我要和你談判！」接下來，會發生什麼事？

你可能以爲接續的情況是這樣：老闆一開始顯得驚魂未定，有些不知所措，定了定神之後，才以討好的口吻請那名員工坐下來好好談，陪著笑臉，一面拍著他的肩，一面勸道：「別生氣嘛！有話慢慢說……」

最後，老闆欣然採納了員工的意見，承認自己的錯誤。

仔細想想，這眞的可能嗎？

這絕對是一廂情願的想法，成眞的可能性極低。畢竟，老闆如果有那麼容易被說服，員工也就不會有如此大的怨氣，更不會氣得跑去當面談判了，不是嗎？

身為員工者，一定要建立一個正確觀念：在衝動狀態下和老闆談判，輸家往往是自己。如果老闆本身是位談判高手，未等展開攻勢，早以三寸不爛之舌取得勝機，逼得員工灰頭土臉、鎩羽而歸。

與老闆談判的原則是什麼呢？很簡單，就是不求必勝但不能慘輸，至少也要達到和局。在這一原則指導下，為員工者必須熟悉「談判五大基本要素」，才能踏出成功的第一步。

●完美的策略是致勝的後盾

談判絕對不能在衝動下進行，否則必定失敗。

要深思熟慮，在冷靜中擬定策略，當作自己的武器。談判的問題越重要，花在擬定策略上的時間也應越長。

沒有策略，或是策略輪廓模糊，將免不了在談判過程中迷失方向。

失去方向以後，言語會變得蒼白無力，縱使雄辯滔滔，空洞的內容也難擋老闆的銳利辭鋒，落居下風。

●預留迴旋餘地

和老闆談判之前，必須摸清對方的底細、揣測各種可能的回應情形，並據此制定應對策略。

此外，也要讓自己做好心理準備，實際和老闆談判時，很可能會發現所有的預定策略派不上用場，因爲老闆的見識閱歷與員工不同，思路往往不能被完全掌握，意料之外狀況的發生，理所當然。所以，必須預留迴旋空間，才不至於在被逼到角落時驚慌失措，給老闆可乘之機。

如果發覺自身處境尷尬，說服老闆讓步已經不可能，不妨這麼說：「透過剛才這一番談話，我想通了，怪我年輕識短，想得不夠周全，若有冒犯到您的地方，還請原諒。」

這樣說話，老闆想必不會過度責怪，說不定還覺得你敢於犯顏直諫，又知錯能改，是相當不錯的人才。

留有迴旋餘地，最主要在不可於談判過程中把話說絕、說死、說滿，斷了自己回頭的路。

例如，最好不要說：「如果你不能滿足我的要求，我就辭職」、「我是不會讓步的」，因爲這無疑於自掘墳墓。如果老闆本就對你不滿，正好藉此機會給你「顏色」，逼你走路，到頭來倒楣的還是自己。

●收集準確而豐富的情報

和老闆談判，內容通常不僅止於個人私事，極有可能和單位的其他同事，或是同公司的其他部門相關。因此，只要碰得上邊的，你都必須要求自己徹底了解，收集完善的情報，從公司政策、同事態度、工作成敗到對手的觀念等，全不容輕忽。其中，與談判主題直接相關者，更是越詳細周全越好。

情報當然會隨著局勢變化，但只要你能下功夫確切掌握，並運用說話技巧妥善

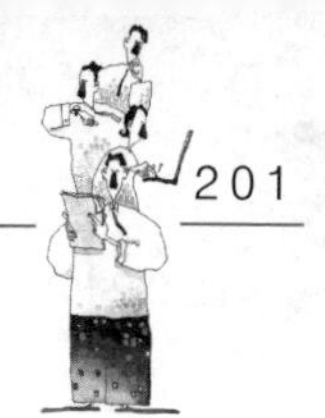

表達，必能表現出自身的不凡能力，給老闆留下良好的印象。

老闆很有可能會認爲你是一個有責任心的下屬，因爲如果不是這樣，你就不可能對公司的情況這麼熟悉。一個有責任心的人，當然値得重視。

●流利的表達能力

和老闆談判，首先要讓老闆理解你的看法，進而加以深入說明。所以，如何配合對方的思維，把自身看法準確傳達出去，求得充分理解，是決勝的關鍵。

口若懸河並非與老闆談判的必備條件，因爲你越是滔滔不絕地講個不停，就容易露出破綻，讓老闆抓住可乘之機。

你眞正需要做的，不是不加思索地將自己的想法說出去，而是要求表達清晰，保證思路的前後一貫，增強語言的說服力。

●藉談判機會展現自身素養

和老闆談判，並不等於和老闆吵架。你的風度、談判內容的深度，以及個人修養，都影響著談判的成敗。

若表現得體，縱使談判失敗，仍可望在老闆心中留下良好印象。

談判的內容越深，你的專業素養就要越高，光憑一些常識性的東西就想讓老闆「屈服」，無異於妄想。

談判當然不僅靠專業知能，更要靠其他各方面的素養展現，要求的是一個人的綜合素質。在談判中，你不僅要展現出對專業知識的熟練掌握，還要表現出彬彬有禮、有理有節、公正客觀以及大度寬容。

有力、有節，才可以取得最後的勝利。

以上這一切都要在言辭中表現出來，能夠確實做到，即使沒有全勝的把握，也不會相去太遠。

06 期望會說話，先學著少說廢話

諺語是詼諧而有說服力的短句，談話時套用個幾句，有畫龍點睛的效果，但用太多也不好。

戰勝咄咄逼人的談話對手

當對方的問題很難回答、角度很刁，回答肯定、否定都可能出差錯時，不如不要回答，設法把問題還給對方。

很多人都害怕和咄咄逼人的對手交談，認爲這是一種相當可怕、難以應付的談話態度。

確實如此，咄咄逼人的談話者，一般是有備而來，或是對自己的條件估計得比較充分、有信心取勝。

他的談鋒多是指向一個地方，對要害部位實行「重點攻擊」，使聆聽者打從一開始就處於被動位置。

碰到這樣的人，難道就只能被動地挨打嗎？當然不是。對付咄咄逼人談話者的辦法相當多，根據情況的不同，有以下數種：

●後發制人

後發制人是使自己站穩腳跟的最有效辦法，古代哲學中，就有相當多關於「以靜制動」、「反守為攻」的論述。

相信大多數人都有類似經驗：先把拳頭縮回來，直到看準了對方，再猛烈地揮出，打得最準。可以說，這就是後發制人的眞義。

採用後發制人策略，在以下兩種情況下施行反攻，最為有效：

・當對方已經不能自圓其說的時候

咄咄逼人的人，開始時鋒芒畢露，也許你根本找不到他的破綻。但是，你應該抱著這麼一種觀念——他總有不攻自破的地方，總是有軟弱的地方，只是還沒被發現而已。

・當對方山窮水盡的時候

等待時機，一旦鋒芒收斂，想做喘息、補充，就可以全力反攻。

當對方進攻完畢，而後發現你身上根本沒有半點「傷口」，先前的鋒芒所指，根本是微不足道的小錯誤，或者打擊的部位不夠全面，無法從本質上動搖你，必定會走到「山窮水盡」。

對手技窮時，就是你反守爲攻的最好時機。

• 針鋒相對

針鋒相對，即是以同樣的火力進攻。

對方提出什麼樣的問題，你立即給予十分肯定或否定的回答，絲毫不退讓，一點也不拖泥帶水，使對方無理可言。

• 裝作退卻

假如對方的問話是你必須回答、不能推辭的，而又要對方跟著你的思路走，你可以裝作在第一方面退卻，誘使他乘機逼過來，趁勢將他帶遠，完全進入圈套中，然後再回過頭來反擊。

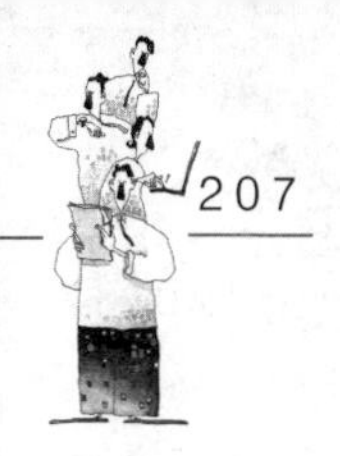

●抓住一點，絲毫不讓

有些時候，會遭遇幾乎無計可施的狀況。對方話鋒之強烈、火藥味之濃，使你無法反擊，他提出許多重大問題，你卻無法一一回答，該怎麼辦？

此時，應求迅速找到談話內容中的一個小漏洞，即使相當微不足道也無所謂，然後加以無限擴大，使不能再充分展開其他攻勢。

接著，你就抓緊這一點小問題，來回與他周旋，轉移焦點，為自己爭取時間，想出應付其他問題的辦法。

●胡攪蠻纏

所謂胡攪蠻纏，是當你理虧，被對方逼到了死角，又實在不想丟面子時，可採用的非常手段。

胡攪蠻纏，就是把沒有理的說成有理的，把本來不相干的東西聯繫在一起，說成是息息相關的事物，把不可能解決的、不好解決的問題全部扯在一起，以應付連串進攻。

胡攪蠻纏是不得已下的非常手段，在某種程度上，必不正當，但不失爲一種自我保護的好方法，特別是當對方欺人太甚、絲毫不留情面的時候。

另一方面，胡攪蠻纏可以先拖住對方，以便爲自己爭取時間與空間，考慮眞正的解危辦法。

●把球踢給對方

把球踢給對方，這是談話運用中一個很普遍、實用的技巧。

當對方的問題很難回答、角度很刁，回答肯定、否定都可能出差錯時，不如不要回答，設法把問題還給對方。從哪個地方踢來的球，就再踢回到那個地方去，反將他一軍。

古時候，一位國王故意考問智者道：「人人都說你聰明，不知是真是假？如果你能數清天上有多少顆星，我就同意你聰明。」

只見智者不慌不忙地回答：「如果國王陛下能先告訴我，我騎的毛驢有多少根

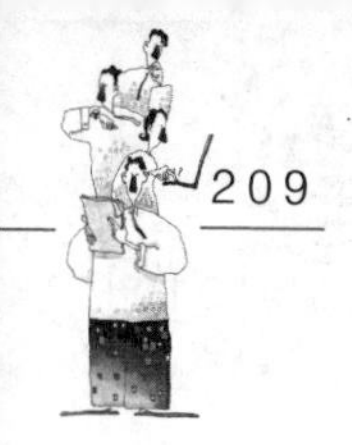

毛，我就告訴陛下天，上究竟有多少顆星。」

上述這則故事，正是「把球踢還給對方」的精采演繹。

●打擦邊球

打擦邊球，就是給予對方一個模稜兩可的回答，好像打乒乓球時打出的擦邊球一樣，看似出界，其實仍在範圍內。

面對咄咄逼人的追問，大可還以一個擦邊球式的回答，看起來與對方的問題不相干，幾乎沒有正面回答追問，但這樣的回答又確實與此有關，使對方不能對你進行無理的指責。

站穩立場，防守反擊，將以上幾種方法運用在說話中，必能大大提高言語威力，獲得勝利。

說話迷人，你就能說服人

一句話若沒有抑揚頓挫，將流於平淡，引不起對方的興趣，添一些感歎詞，則能活化彼此對談的氣氛。

吸引人的談話，少不了動聽的音調和動人的傳遞方式。

有些談話者，雖然在內容上不佔優勢，但說話方式非常高明，傳遞出非常迷人、令人舒服的感覺。

不可諱言，不同的說話者就有不同的個性，每一次對話，都會因爲說話技巧的不同而得到不一樣的迴響、反應。

使對方願意傾聽的迷人說話技巧，具體而言，指的是以下幾種：

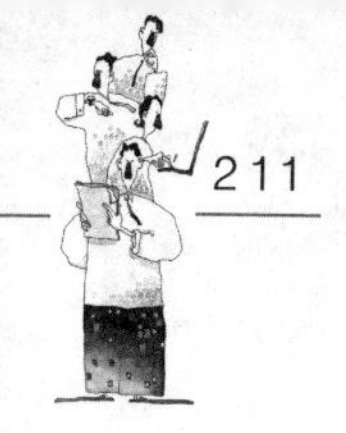

● 說話風格明快

大多數人不喜歡晦暗的事物，就如同草木需要陽光才能生長。帶陰沉感的談話，會讓人產生疑慮、厭惡及壓迫等負面情感，可想而知，收效不會太好。

● 擁有個性的聲音

有些女性的說話聲音非常動人婉轉，使聆聽者覺得與她對話是一種享受，這樣的說話者，就是非常成功的。

擅長說話的人必定會注意自身的說話音量，並慎選說話的語氣，完全依自身的天賦、個性、場合及所要表達的情感而變化。

如果條件允許，不妨把自己說的話錄下來，仔細地聆聽，你很有可能會吃驚地發現，自己說話時竟有那麼多毛病，有那麼多需要立即改進的缺失。

如此經常檢查，說話技巧必定會不斷提高。

● 語氣肯定

每個人都有自尊，很容易因爲某些微不足道的小事就感到自尊受損，並反射性地表現出拒絕態度。

所以，期望對方聽你說話，首先得先傾聽對方要表達些什麼。所謂「說話語氣肯定」，並不是指肯定對方說話的內容，而是留心可能使對方受傷害的地方。

如果我們無法在內容上贊成對方的想法，可以說：「你所說的，事實上我本身也曾考慮過。」

然後再問：「那你對這件事有何看法？」

將判斷的決定權交出，並不僅只於單純地保護對方的自尊心，也是了解到自己並不完美的謙虛表現。

以這種形式說話，當然比較受歡迎、比較吃香。

•語調自然變化

比起故意做作，自然的聲音總是更悅耳。

你要注意，交談不是演話劇，無論採用什麼樣的語調，都應保持自然流暢，故意做作的聲音將使事與願違。

當交談的對象不是一個人，而是許多人時，可採用以下技巧：當前一個人的聲音很大，你在起頭時就可以壓低聲音，做到低、小、穩；當前一個音量小時，你一開始說話就該略提高嗓門，讓聲音清脆、響亮，以引起聽眾注意。

●習慣用法

人類生存在當今繁雜的社會環境中，對於語言，各自擁有不同的運用標準，一旦不符合標準，就會導致不協調的感覺產生。

語言運用是否合適，取決於語氣與措詞。

人際交往中，確實有必要根據實際情況或對方身分調整說話方式，使用最適當的語言。不分親疏遠近，一律以某一種態度說話，必將使效果大打折扣，非但不能有效傳遞自己的想法，甚至還會得罪人。

「太好了」、「好棒喲」、「真可怕」，這都是一般女孩子說話時常會冒出來的感歎詞，也是感情洋溢的表現，能使說出來的話更具色彩、更吸引人。

一句話若沒有抑揚頓挫，將流於平淡，引不起對方的興趣，添一些感歎詞，則能活化彼此對談的氣氛。當然，幫對話「加料」必須適可而止，過多的感歎詞亦會抹殺掉言詞的可信度，使聆聽者分辨不出你要表達的眞正意思。

將「冷」、「熱」這樣極平常的形容，加上適度修飾，變成「好冷呀」、「好熱呀」，不是更動人嗎？

●思路有條理

當先前的談話陷入爭論，欠缺頭緒時，你站出來講話，就要力求詞句簡短、聲音果斷，氣勢過人且富於條理。

此外，還有一個說話小秘訣：若必須在公開場合下與眾多參與者一同發言，你的發言順序最好不要夾在中間，要不在前面，要不就乾脆留待最後，給聽眾的印象才會深刻。

期望會說話，先學著少說廢話

諺語是詼諧而有說服力的短句，談話時套用幾句，有畫龍點睛的效果，但用太多也不好。

日常生活中，如果稍加留意，絕對會發現許多人在說話中存在一個明顯毛病，就是愛說些無關緊要、多餘的「廢話」。

雖然這些毛病的殺傷力不是太大，但如果不加以注意，不求有效改善，免不了降低談話效果。

一般人的交談，最容易出現以下幾種「廢話」：

● 多餘的贅語

不少人喜歡在交談中使用某些根本不必要的套語，例如，無論講什麼都加上一句「自然啦」或「當然啦」；另有一部分人動不動就要加上「坦白說」、「老實說」；也有人老是喜歡問別人「你明白什麼」或「你聽清楚了嗎」；還有人說沒幾句就會冒出「你說是不是」或「你覺得怎麼樣」，諸如此類，不勝枚舉。

這一類毛病，說話者自己可能一點不覺得，卻讓人感到相當困擾。若要克服，最好的辦法是請朋友時刻提醒。

●雜音

有些人能把話說得很好，卻偏要在言語之間摻上無意義的雜音。他們的鼻子總是一哼一哼地響著，或者喉嚨好像老是不暢通似的，輕輕地咳著，再不然，就是每句話開頭都加上一個拖長的「唉」，生怕他人聽不清楚自己要說的話一般。

這類毛病，多是習慣導致，只要拿出決心，絕對可以戒除。

‧諺語太多

諺語是詼諧而有說服力的短句，談話之時套用幾句，有畫龍點睛的效果，但用太多也不好。

諺語用過頭，會給人一種油腔滑調、嘩衆取寵的不良印象，不僅無助於增強說服力，反而使聽者感到累贅。

切記，只有將諺語用在恰當的地方，才能使談話生動有力。

‧濫用流行字句

某些流行的字句，往往會被人不加選擇地亂用一番，「奈米」這個詞就是一個被濫用的好例子。什麼東西都牽強地加上「奈米」，不僅不能提高可信度，還會使人感到可笑。

‧特別愛用某個特定詞

不知是因爲偷懶、不肯動腦筋尋找更恰當的字眼，還是有其他方面的原因，總有人特別喜歡用某一個特定的字或詞來表達各種各樣的意思，而不管這個字或詞本身是否合適。

濫用同一個特定詞彙，突顯了自身表達能力的不足，更使聆聽者感到迷惑、厭煩，必須避免。

平時就該盡可能地多記一些辭彙，並了解它們的眞正涵義，使自己的表達能力更精準且多樣化。

• 太瑣碎

過於瑣碎的談話，容易使聆聽者失去耐心。

例如，自己的經歷，本來最容易講得生動、精采，很多人也喜歡聽別人描述自身經歷。但是，許多人在講述過程中，會犯下過於瑣碎、不知節制的毛病，不分主次地說個沒完，好像自己的一切都很了不起，都有公諸於世的必要。可想而知，聽者會感到茫然無頭緒，很快就失去了興趣。

這樣的說話本事，無論可以把一件事情描述得多詳細，都不算高明。

講經歷或故事時，要善於抓出重點，並了解聽者的興趣究竟在哪裡。在重要的關節上講得盡可能詳細一些，其他地方，用一兩句話交代過去即可。

●過分使用誇張手法

誇張的手法多能達到引人注意的效果，不過，不能用得太過分，否則別人將無法信任你口中說出的話。

現實生活中，人不可能每次說的都是「非常重要」的消息，也不可能每次都講「極動人的」故事或是「最可笑的」笑話，因此，不要動不動就用上「非常」、「最」、「極」等字眼，以免在聆聽者心中留下誇大不實的負面印象。

改掉說「廢話」的毛病後，還應該注意自己在談話中的聲調、手勢、面部表現，努力使各方面協調、得體。這樣，就能大大增強言談的吸引力，藉言語在人際交往中無往不利。

聲音完美，更具成功機會

語言的威懾和影響力，與聲音的大小沒有連帶關係，不要以為大喊大叫就一定能說服並壓制他人。

期望自己的言談本領更高明、更具吸引力，必須同時要求說話方式與內容，力求使雙方面都得到提升。

那麼，該如何讓聲音更具吸引力呢？

期望使聲音更完美，應掌握以下技巧：

- **注重自己的說話語調**

語調能反映出說話者的內心世界，包括想法、情感和態度。

當感到生氣、驚愕、懷疑、激動時，你表現出的語調必定無法自然。因此，透過語調，人們可以感覺出你是一個令人信服、幽默、可親可近的人，還是一個呆板保守、具挑釁性、好阿諛奉承或陰險狡猾的角色。

同理，語調也能反映出你是一個優柔寡斷、自卑、充滿敵意的人，還是一個誠實、自信、坦率並能尊重他人的人。

無論正談論什麼樣的話題，都應力求讓說話語調與所談及的內容互相配合，並恰當地表明自己對某一話題的態度。

要做到這一點，語調必須滿足以下條件：

1. 向他人及時、準確地傳遞自己所掌握的資訊。
2. 得體地勸說他人接受某種觀點。
3. 倡導他人實施某一行動。
4. 果斷地做出某一決定或制定某一規劃。

- 注意自己的發音

我們說出的每一個詞、每一句話，都是由一個個最基本的語音單位組成，然後再加上適當的重音和語調。

正確且恰當的發音，有助於準確地表達思想，使你心想事成，是提高言辭表達說服力的一個重要元素。

而達成一切的基本，就是清晰地發出每一個音節。

不良的發音有損於形象，更有礙於展示自身思想和才能。若說話時發音錯誤且含糊不清，表明自身思路紊亂、觀點不清，或對某一話題態度冷淡。當一個人本身不具備激勵能力卻又想向他人傳遞資訊時，通常如此。

令人遺憾的是，許多管理人員經常有發音錯誤的毛病，甚至還帶有發音含糊的不良習慣。他們養成了自以爲是的一種老闆式說話腔調，講話時哼哼嗯嗯、拖拖拉拉，還以此得意，認爲體現出了自身的威嚴及與衆不同。

但看在別人眼裡，眞的是這麼一回事嗎？

可想而知，當然不是。結果極有可能適得其反，因爲這種「官話」會使下屬感到極不自然，從而產生一種本能上的抵制情緒。

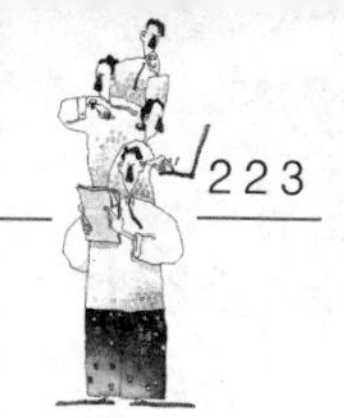

●不要讓發出的聲音刺耳

人的音域範圍可塑性極大，有的高亢、有的低沉、有的單薄、有的渾厚。說話時，你必須精準地控制自己的音量與音高，因爲音量大小和音調高低不同，象徵的意義便不同。

高聲尖叫意味著緊張驚恐或者興奮激動，如果說話聲音低沉、有氣無力，則會讓人感覺缺乏熱情、沒有生機，或者過於自信，不屑一顧，更可能讓人感覺到你根本不需要他人的幫助。

當我們想使說出的話題引起他人興趣時，多會提高自己的音調。有時，爲了獲得一種特殊的表達效果，也會故意降低音調。無論如何，應力求在音調的上下限之間找到恰當的平衡。

●不要用鼻音說話

與人對談過程中，我們可能經常聽到諸如「姆……哼……嗯……」之類的發音，這就是鼻音。

應避免用鼻腔說話，因爲極有可能讓聽者感到難受。

使用鼻腔說話，會讓聲音聽起來似在抱怨、毫無生氣、十分消極，無法在別人心中留下好印象，並不吃香。

如果你想讓自己所說的話更具吸引力和說服力，期望自己的語言更富魅力，從現在開始，請避免使用鼻音。

● 控制說話的音量

內心緊張時，發出的聲音多會較尖且高。

但是，語言的威懾和影響力，與聲音的大小沒有連帶關係。不要以爲大喊大叫就一定能說服並壓制他人，事實上，聲音過大只會迫使他人不願聆聽，甚至產生厭惡情緒。

與音調一樣，每個人說話的聲音大小也有一定範圍，不妨試著發出各種音量大小不同的聲音，從中找出最爲合適者。

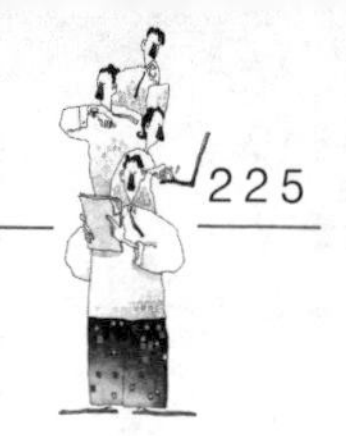

•充滿熱情與活力

響亮而生機勃勃的聲音，給人充滿活力與生命力的感覺。你向某人傳遞資訊、勸說他人時，這一點能產生重大的影響力。人在講話時，自身情緒、表情和說話的內容一樣，能帶動、感染每一位聽衆。

•注意說話的節奏

節奏，即由說話時的發音與停頓所形成、強弱有序且富週期性的變化。日常生活中，大多數人根本不考慮說話的節奏，更輕忽了說話時不斷改變節奏以避免單調乏味的重要性。

節奏的重要性，可以從以下事實看出：每一種語言都有獨特的重音和語速，法語不同於德語，英語不同於西班牙語，漢語又不同於英語。

此外，人們容易認爲詩歌與散文的節奏有很大差別，其實兩者的相對區別在於規則與不規則的重讀上。詩歌具有規則的、可把握的重音，相較之下，散文的形式則是不規則的。

當人們處於壓力之下，便會不由自主地使用一種比散文更自由，或者說更無規則的節奏講話。

●注意說話的速度

語言交流過程中，講話速度快慢將影響資訊的傳遞效果。

速度太快，就如同音調過高，給人緊張和焦慮感。一個說話太快的人，必定會有某些詞語模糊不清，使他人在接收上產生困難或誤解。

當然，並不是放慢速度就一定比較好，因爲相對的，速度太慢，表明你領會遲鈍，容易使人心生不耐。

努力維持恰當的說話速度，不要太快也不要太慢，並在說話過程中不斷地視對方反應做調整，自然比較吃香。

說話的內容和聲音都是十分重要的，找出讓自己把話說得更完美的方式，無疑是贏得人心的最好方法。

內涵紮實，言語更添魅力

若不想說話空洞無物，就應下決心積累大批的、雄厚的、紮實的本錢，從充實內涵開始，讓說話的內容豐富起來。

口才，反映了一個人的道德修養、學識水準、思辨能力。

要想使自己的語言具有藝術魅力，光靠技巧是不夠的，一味地追求技巧而忽略自身的素質培養，等同於捨本逐末。我們在學習語言技巧同時，還應全面提高自身的學識修養。

有人說，在這個世界上，唯一可以依靠的人就是自己。而要得到好口才，在於平時的積累和鍛鍊。所謂「厚積薄發」，必定有一定道理，因爲言語必須以生活爲內容，先有實踐經驗，才有談話的基礎，並使對話內容充實、豐富。

平常要吸取對自己有用的資訊，對於所見所聞，都要加以思考、研究，儘量去了解發生的過程、意義，從中悟出道理。凡此種種，都是學習並積累知識的好機會。在日常生活中，要隨時計劃、安排、改進生活，不可任性懶散地讓機會白白流掉。

若不甘於做井底之蛙，就應靜下心來努力地學習，拓展視野。你若不想說話空洞無物，就應下決心積累大批的、雄厚的、紮實的本錢，從充實內涵開始，讓自己說話的內容豐富起來。

以下，介紹一些積累談話素材的方法：

●多讀書多看報

日常生活中，我們每天都離不開報紙、雜誌和書。不妨在讀書看報時，備一支筆或一把剪刀，把見到的好文章、讓自己心動的好話標出來、剪下來。每天堅持，哪怕一天只記一、兩句，也是很有意義的。

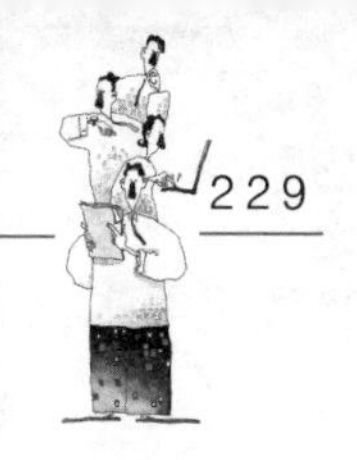

日積月累，在談話的時候，會不經意地用上曾抄下來的語句，它們可能會突然地從你的頭腦裡冒出來，給你一個意外的驚喜。

●積累警句、諺語

聆聽別人的演講或談話時，隨時都可能捕捉到表現人類智慧的警句、諺語。把這些話在心中重複一遍，記在本子上，久而久之，談話的題材、資料將越來越多，使你的口才越來越成熟，說起話來條理清楚，出口成章。

●積累談話素材

對於談話的題材和資料，一方面要認眞地去吸收，另一方面要好好地加以運用。懂得運用，一句普通的話也可以帶來驚人效果。

千萬要建立一個正確觀念：不能應用的吸收毫無意義。

●提高觀察、思考問題的能力

有觀察、思考問題時的敏銳眼光，有豐富的學識和經驗，有大大增強的想像力、敏感性，就能提高自己的口才。

隨著口才的提高，生活必將更豐富多彩，從個人的個性品質到各方面能力都將得到顯著提高，從而成爲一名無往不利、處處吃香的社交能手。

想把話說好，「佐料」不可少

在不同的場合、出於不同的需要、面對不同的對象，說話速度理所當然要有所差異，以求適應環境。

就像任何一道好菜必定少不了調味料點綴、提味一樣，想要把話說好，「佐料」絕對不可少。

語調是說話不可缺少的「佐料」，一種聲音的技巧。即便語句相同，只要語調不同，就表達了不同的意思。

現實生活千變萬化，造就出千種甚至萬種的說話語調，以表達人們豐富的感情，或高昂熱烈、歡暢明快；或低沉舒緩，溫和穩重。語調不僅強化了內容，也揭示了說話者的情緒與心境，是一種奇妙的暗示器。

別小看了語調能帶給人們的印象，美國《今日秘書》雜誌中，一篇題爲《你的語調會妨礙你的前途嗎》的文章，便曾以舊金山一位辦公室女士的經歷爲例，說明說話語氣的重要。

最開始，這位女士剛從一所有名的商業學校畢業，具備作爲一位辦公室人員應具備的各種知能。她首先受雇於一家大公司，想不到上班剛滿兩星期，忽然接到通知，說她那刺耳且鼻音過重的語調使雇主不勝其煩，決定解雇。

這位失業的女士大受打擊之餘，立刻弄來一部答錄機，對照自己的發音，反覆聆聽、矯正，終於能用較爲悅耳的語調說話，並很快又謀得了一個理想職位。

正可謂成功在此，失敗亦在此。挑選辦公室工作人員當然不能僅憑語調論優劣，決定去留，但人在說話時不能恰當地運用語調，確實是令聽者不快的事。

語調運用要準確恰當，應根據情境的需要，確定基調。比如，下級跟上級說話，一般是謙恭、平和的語調；上級對下級說話，一般用沉穩、溫和的語調；平輩

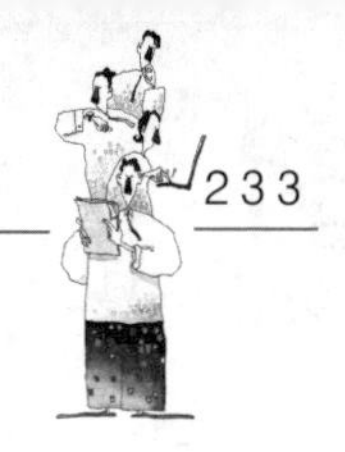

之間說話，應是親密、爽快的語調。在莊重的場合，應多用嚴肅、鄭重的語調；在歡樂的場合，應多用輕快、喜悅的語調。

大凡善說者，必定重視語調的選擇，力求運用得體，或娓娓而談，如潺潺流水；或慷慨激昂，如江河奔流，將思想感情淋漓盡致地表達出來。

說話要有基調，不能從始至終保持不變，否則過於單調乏味，好比在鋼琴上不停地彈奏同一音符一樣，令人心生厭煩。

根據內容的需要，靈活地變化語調，抑揚頓挫、起伏跌宕、聲情並茂，才會引起聽者興趣，收到效益。

另外，講普通話還要掌握語速，作爲一種說話技巧，往往易被人忽視。說話忽快忽慢，快慢錯位，不善於運用語速技巧，就會影響表達效果。

交談中，聽的速度要比說的速度快。如果說話速度過慢，經由耳朵傳到大腦的資訊間隔時間太長，即會導致思想出錯，橫生枝節或誤解。另一方面，人們的「感知」速度又比說話速度慢，如果語速過快，吐詞如連珠炮，經由耳朵傳至大腦的資訊過於集中，又會導致應接不暇、顧此失彼，甚至精神緊張。

在不同的場合、出於不同的需要、面對不同的對象，說話速度便理所當然要有所差異，以求適應環境。

當情況緊急、工作緊張，或者心情緊迫時，需要在較短時間內表達主要意思，語速就要快些；情緒激動時，或興奮，或惱怒，也會不由自主地加快語速；爲了加強語勢，引起聽者注意，也需要讓語速更快。

其次，說話內容也影響語速。無關緊要的事，語速快慢皆無妨，若是說到重要的、需強調的內容，則應適當放慢速度，讓人聽得清，便於理解。

再次，說話對象也制約著語速。當對象是老人、孩子及文化素質不高者，語速要適當放慢；若聆聽者較年輕，聽辨能力強，或是個急性子，語速不妨加快些。一般情況下，以中速爲宜。

應在說話前先確定基本語速，而非從頭至尾只有一個速度、一種節奏。「和尚念經」不是好的說話方式，根據語境變化而調整語速才是正確的。

語速就跟聲調一樣，按一定節律變化，即構成特殊的節奏美。透過語速的變化，可以淋漓盡致地表達說話者的感情。

說話時要掌握好語速，何時快，何時慢，何時停頓，應恰當自如地做調整。善用語速技巧的人，無疑會增添說話的吸引力，給人以穩重、自信之感。

當快則快、當慢則慢，就是掌握語速技巧的眞諦。

專注傾聽，對話更具意義

真正的對話應該是雙方都認真傾聽，這不只是彼此之間精神上的交流，更象徵了心有靈犀一點通。

凡是能言善道的人，必定也是最會聽話的人，不僅懂得專心聽對方講話，也會專心聽自己講話。

「我之所以能夠成功，在於我隨時注意聽自己講的話。」日本蜜絲佛陀公司舉辦的化妝品推銷員講習會上，一位成功的女推銷員說出以上開場白，立刻引起與會人士的注意。

這位臉蛋姣好，身段修長，看來不到三十歲的女士接著說：「如果妳要向顧客推銷口紅，可以對她說：『將這支口紅塗在乾燥的嘴唇上，就會立刻變得潤滑有光

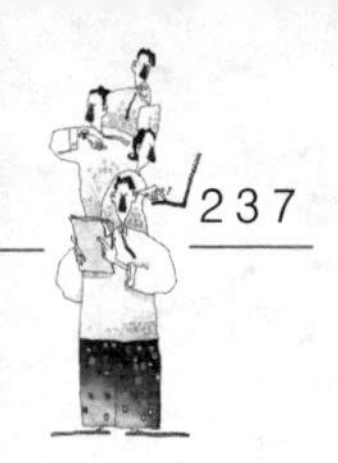

澤。』必且把『口紅』、『乾燥的嘴唇』、『潤滑』、『光澤』等詞彙連起來講，效果最好。」

這位一流推銷員確實懂得如何說話，但她更懂得「聽」的藝術。自己講，自己聽，藉由說話的姿態和表情，以及「我們」這個詞的巧妙使用，成功地將顧客和她自己拉進了口紅的美感裡，凝聚共識。

哲學家瑪普巴說：「人與人相處，必須先誠心相待，才能夠發現自我。」密西根大學加普蘭教授進一步闡揚了這句話的意思：「人與人之間，談話的缺失、弊端，並不一定來自技巧的愚劣，而是由於彼此都急於表達自己的意思，因此缺乏耐心傾聽。」

這段話，實在是一針見血的高論。

在日常生活中，當我們遇到高談闊論、喋喋不休的對象時，往往不僅不注意聽對方說話，甚至還急著尋找讓自己說話的機會，好發表宏論。到最後，對方的話一句也沒聽進去。

當你在高談闊論時，別以為別人的回應是一種贊同，說不定那只是告誡你：「現在聽你的，等一下可要聽我的了。」

眞正有效的對話，應該是雙方都很認眞傾聽，無論由哪一方說話，不僅對方注意在聽，自己也注意在聽，這不只是彼此之間精神上的交流，更是「心有靈犀一點通」的象徵。

如此，才能夠讓對話更有效果，自己的談話技巧也能夠在傾聽的過程中逐漸進步，懂得把話說得更好。

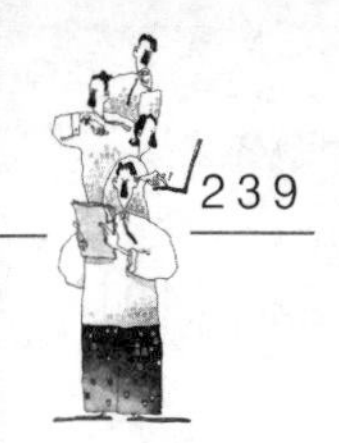

三思後言才能減少誤會

人們有時候會在無心之下說出傷害對方的話，因此衍生種種誤會。想要有效防止，最好的方法就是留意自己即將說出口的話。

常言道：「一言既出，駟馬難追。」日常應對談話議論時，常會以一言交友，也會因一言失友。

我們常因說錯一句話而使人發怒，於是只得急急忙忙地道歉，表示：「我收回前言！」「對不起對不起，我不是這個意思！」或是：「宰相肚裡能撐船，請你多多包涵！」

但是，傷害已經在他人的心中留下陰影。

與其事後道歉，何不事先謹慎思考？

以下，讓我們來看一個相當實際的例子：

家庭主婦最忙碌的時刻，莫過於早餐前的片刻。這時候得忙著打理早餐、忙著準備便當、忙著幫孩子們穿衣服，擔心孩子們的書包裡是否忘了帶什麼。不但如此，先生的襪子、襯衫也先要準備好，領帶還要配好顏色。

如果於此同時電話又響了起來，熟睡中嬰兒被驚醒，「哇哇」地大聲哭了起來，烤箱裡的麵包則傳出陣陣焦味……

面對一團混亂的場面，如果丈夫開口說話，可能會有三種情況：

一、「怎麼搞的！麵包又烤焦了？」

二、「真糟糕，小傢伙醒了，今天早上夠妳忙的了。」

三、「烤焦的麵包也別有一番風味哪！」

美國心理學家吉特博士，曾針對這三種說法，對一群家庭主婦進行一場實驗。結果主婦們普遍對於A感到最爲憤怒，B稍不滿意，但可以一笑置之，認爲只有C

才是人說的話，深得人心。

爲人丈夫者，在開口前，爲什麼不想想該怎麼說話才不會影響妻子的心情？何不多說點體貼的話呢？

傷人感情的話語，最易使人發怒，有時候，即便是出自善意的忠告或教訓，但若用辭不適當，仍會使人感到不滿，不僅發揮不了作用，反而造成傷害，挑起積壓在心中的怒火。

人們有時候會在無心之下說出傷害對方的話，因此衍生種種誤會。想要有效防止，最好的方法，就是留意自己即將說出口的話。

07 小小玩笑，學問不得了

幽默是人生的調味，沒有幽默，人際關係必定難以順暢建立。但是，幽默要用在正確的地方，否則可能收到反效果。

合宜措詞助你佔盡優勢

可以用幽默有趣的話語來表現你的聰明、靈活、風趣，但不可與低級刻薄的言語混為一談。

想要把話說好，光知道如何運用聲音、語調、姿態是不夠的，現在，讓我們來研究如何用「字眼」。

說話時，字眼不需太多，簡潔、通俗即可。

有些人在敘述一件事情時，會拚命地說出許多，最終還是沒有把自己的意思表達出來，白費了很大的時間與精神，卻不能讓聽者抓到話中的焦點。

犯這種毛病的人，一定要盡力糾正過來。

改正的方法，就是在話還未說出之前，先在腦子裡考慮，打好一個自己所要表

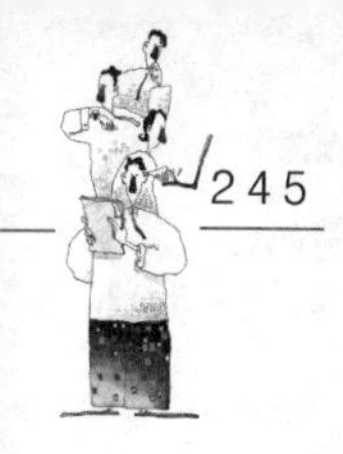

達的輪廓，再付諸言語。透過長時間的訓練，能使你在說話時很快地抓住中心，明白確切，讓聆聽者將內容聽清楚。

答應別人一件事，其實用上一個「好」字就夠了，偏偏有些人喜歡囉囉唆唆說上一大堆，不僅浪費時間，而且可笑。

除非是要特別引起別人注意，或特別要增強力量，否則平常對話時，最好少用疊字或疊句。

此外，如果你是個太講究客氣的人，最好還是改變一下自己的作風，因爲過猶不及都不是好事情，在這社會上，凡事都該懂得適可而止。客氣話說得太多，反而會讓聆聽者渾身不自在。

同樣的，名詞也不可用得太多，特別是艱澀的專有名詞。

試想，若有一個人在解釋物質不滅原理時，於短短幾分鐘內，將其中某個科學用語運用高達二、三十次之多，會收到好效果嗎？

答案自然是否定的，無論多麼新奇有趣的名詞，用太多都會引起厭煩，失去它本身的價值。

第一個用花來比喻女人的人是聰明的，第二個再用這個比喻的人便是庸才了。誰不愛新鮮？陳述一件事情時，把一個名詞在同一時間內重複使用，算不上高明。

再者，應避免用同一個名詞形容各種不同的事物。

有一位幼稚園老師正在對學生說故事，說到公主，她說，公主是很美麗的，說到城堡，她也說，這城堡是很美麗的。緊接著，說到森林、小羊、野花、遠山等等，無不用美麗這二個字來形容。如果你身為學生，能夠隨這樣單調枯燥的言語遨遊於美好的情境中嗎？恐怕很難吧！

用不同的字句調劑自己的言語，更能增加聽者的興趣。

將這個概念引伸，一個擅於說話的人，應儘量避免「口頭禪」。

當一個語句成爲口頭禪，你將會很容易爲它所束縛，以致無論想說什麼，也不管是否適用，都禁不住脫口而出。

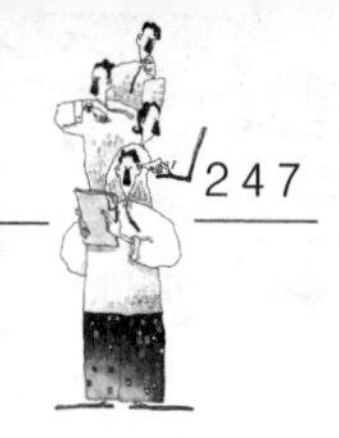

這毛病不僅容易招來他人的取笑，也無助於提高自己的說話能力，甚至還會讓表達力大打折扣，所以，凡是和自己所說的事情本身毫無相關的口頭禪，還是盡力避免爲妙。

字爲文章的衣冠，言語則爲個人學問品格的衣冠。

有許多人相貌堂堂，看上去高貴華麗，可是一開口就滿口粗俗俚言，使人聽了大倒胃口，原有的敬慕之心消失無蹤。

這情形並不少見，可惜的是，當中某些人並非學問品格不好，不過一時大意，犯了這種錯誤，不曉得應力求改正。

俏皮而不高雅的粗言，人們初聽可能覺得新鮮有趣，偶爾學著說說，積久便成習慣，結果到最後無法控制，隨口而出，導致反感。

日常生活中，大家都習慣於不拘小節，但若在正式社交場合上，脫口說出不雅、不得體的話，問題可就大了。

身爲學生者，尤其應當謹記，學校裡，常有特殊流行的語彙產生，或許在同學間可以肆無忌憚地說，大家還感到很有趣，但來到學校外，離開這個特殊環境，就以不說爲佳，以免讓聽者感到難堪，更陷自己於尷尬境地。

可以用幽默有趣的話語來表現你的聰明、靈活、風趣，但不可與低級刻薄的言語混爲一談，那只會更突顯你的鄙劣、輕佻和淺薄。

在一個陌生人面前，說錯任何一句話都可能把你的地位降低，讓人家瞧不起，不可不小心謹愼。

當然，也不可因爲這樣就「矯枉過正」，滿口深奧的名詞，讓聽者如墜入五里霧中，根本不懂你在說什麼。

措辭的深淺，需視聆聽對象的需求與程度拿捏，適度即可。

措詞反映了一個人的素質和能力，是給人的第一印象，應當努力提升，才能在與人溝通、交往的過程中佔得優勢。

抓不準時機，注定白費力氣

心情好時，「無所不樂」；心情不好時，「無所不愁」。與人說話時，必須把這作為一個重大前提加以考慮。

無論一個人說話的內容如何精采，只要時機掌握得不好，就無法達到理想的目的。因爲聽者的內心感受或衡量標準，往往隨著時間變化而變化，要對方願意聽你的話，或者接受你的觀點，必須選擇最適當的開口時機。

這有如一名參賽的棒球選手，雖有良好的技術、強健的體魄，但若沒能把握住擊球的「決定性瞬間」，無論是早是遲，揮棒都注定落空。

所以，時機非常寶貴。

但是，何時才是「決定性的瞬間」呢？如何判明並抓準，並沒有一定的規則可循，主要還是取決於談話當時的具體情況，憑藉自身的經驗和感覺下決定。

例如，在討論會上，要是先發言，雖可於聽衆心中造成先入爲主的印象，但因時間點過早，人們尚未適應而不願意隨之開口，氣氛往往較沉悶。相對的，若是後講，雖可進行歸納整理，或針對別人的漏洞，發表更爲完善的意見，但因時間點太晚，聽衆都已經感到疲倦，期望儘快結束休息，未必願意再談下去。

據此，專家在研究後指出，當要於研討會之類的場合發言，最好是在兩三個人談完之後及時切入話題，效果最佳。此時，氣氛已經活躍起來，不失時機地提出你的想法，最容易引起關注。

此外，爲表尊重，考慮對方何時有較大興趣，這是必須的。人們白天忙了一整天，下班後，難免帶著一天的勞累回到家中。如果這時家人不體貼，一開口又是訴苦、又是告狀，再有耐性的人也難免感到厭煩。

因此，爲人妻子兒女，若是有話要對丈夫、父親說，不妨先把「苦」擱在一邊，等對方放鬆下來後，再慢慢把感到困擾不滿的事情說出來，以求得到對方的理解和支援。

許多為人妻、為人母者，都會對孩子說一句話：「有什麼事，等你父親吃過飯以後再說。」不得不承認，這眞是一句金玉良言，因為多數情況下，人在飯後的心情最穩定。

儘管場合、時機都與人的心境變化有關，難以一概而論，但是，把心境單獨提出來，作為一個獨立因素探討，仍是必要的。

俗話說：「出門看天色，進門看臉色。」看了臉色，才決定說什麼話。這裡所謂「臉色」，是心境顯現於臉部的表情。

心情好時，「無所不樂」；心情不好時，「無所不愁」。與人說話時，必須把這作為一個重大前提加以考慮。

選擇適當的時機，說出的話才能收到最大效益。

讓好的開始帶來成功的一半

談話的開頭先搬出一件令人震驚的事實，能夠在最短時間吸引聆聽者的注意力，引發追根究柢的「懸念」。

一個優秀的談話者，會設法在開口同時就抓住聽眾的心，牢牢吸引住他們的注意力，以求收取最大效益。

因此，有志於提升口才者，應用同樣的標準來要求自己——與人談話時，要在一開頭就展現出磁鐵般的吸引力，抓牢聽眾。

下面提供一些方法，不妨試試：

●從故事開始說話

一般來說，最普遍使用的材料，有幽默笑話和較一般的故事。幽默的故事不可妄加使用，除非講話的人確實有幽默的秉賦，否則效果不會太理想，還可能流於尖酸。

而後一類故事，有具體生動的情節，多能達到吸引聽衆的目的。

•從展示物品開始說話

展示物品可以是一幅畫、一張照片或一件其他實物，只要有助於闡述思想就行。甚至直接在一張紙上寫幾個字，也能引起話題。

•用提問方法開始說話

藉提問展開話題，聽者就會按提出的問題進行思考，從而產生想要知道正確答案的慾望。

•用名人的話開始說話

縱橫政界、商界、社交界的名人，在一般人的心目中是崇拜的對象，他們的話多有一種強烈吸引力。

．用令人震驚的事實開始說話

談話的一開頭先搬出一件令人震驚的事實，能夠在最短時間吸引聆聽者的注意力，進而引發追根究柢的「懸念」。

．用讚頌的話開始講話

人總是喜歡聽好話，因此，講話者在話題開始時，可以適度地讚頌對方，這樣一來，氣氛會很快地活躍起來。

．用涉及聽者利益的話開始講話

把自己的講話內容，與聽者的切身利益聯繫起來，營造出「生命共同體」、「休戚相關」的氣氛，必能引起聽者的關注和重視。

•從有共同語言的地方開始講話

尋找共同語言是拉近距離的好方法，可以涉及以往的相同經歷和遭遇，也可涉及雙方目前的密切合作，還可以展望友誼的發展前景等。

有經驗的說話者，都在長期的實踐中體會到一個事實：在最初十分鐘內，吸引聽眾是容易的，但是要保持這個狀況就困難了。因此，掌握好的開場技巧只是一項基礎，期望讓口才更上一層樓，還需繼續努力。

巧妙的問話讓聆聽者樂於接話

提問，正像打羽毛球的發球，你以對方的特長發問，就像特意發了個容易接的球，對方當然樂於接球。

讓我們先來聽聽下面這則笑話：

有一天，一位修士在做禮拜時，忽然熬不住煙癮，便詢問主教：「祈禱時可以抽煙嗎？」結果，遭到了主教的斥責。

不久後，又有一位修士也犯了煙癮，靈機一動，換了一個方式問道：「我可以在吸煙時祈禱嗎？」

主教一聽，不但沒有動怒，還讚許他的信仰虔誠，答應了這個請求。

可見，問話需要口才。問得越巧，越能居優勢。

在會議上，我們經常可以聽到主持者這樣發問：「各位對此有何高見？」從表面上看，這種問話很有禮貌，但效果不好。誰敢肯定自己的見解高人一著呢？就算是高見，又怎麼好意思先開口？

與其如此不妨換個較親切的問話方式：「各位有什麼想法呢？」提問不唐突，也是不可忽視的。假如在大庭廣衆之下問對方：「你有什麼理由可說？」「你遲到一小時，究竟在幹什麼？」如此唐突的問法，令人難以下台，必定會招致不快。

希望問話問得巧，首先要選擇恰當的提問形式。

恰當的提問形式，有以下多種：

●限制型提問

這是一種目的性很強的提問技巧，能幫助提問者獲得較爲理想的回答，降低被拒絕的機率。

例如，某家早餐店在一開始時總會詢問客人：「要不要加個蛋？」一段時間以後，侍者找出了更「技巧」的問法，不再問「要不要加蛋」，而改問：「您要加一個蛋，還是兩個蛋？」

這樣一來，縮小了顧客的選擇範圍，有助於提高消費額。

●選擇型提問

這一種提問方式，多用於較熟識的朋友之間，同時也表明了提問者並不在乎對方的抉擇爲何。

例如，你的朋友來家裡作客，你留他吃飯，但不知他的口味，於是問道：「今天咱們吃什麼？紅燒肉，還是咖哩？」

●婉轉型提問

婉轉提問的意圖，在避免因對方拒絕而出現尷尬局面。

例如，一位男孩對一名女孩很有興趣，但他並不知道女方是否同樣對他有意

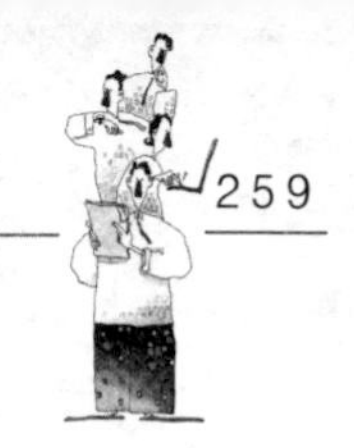

思，又不便開門見山地詢問，於是試探地開口：「我可以陪妳走走嗎？」如此，即便女方沒有意願，她的拒絕也不會使彼此難堪。

●協商型提問

想要別人按照你的意圖去做事，最好以商量的口吻提出。如你身為經理，要秘書起草一份文件，將意圖講清之後，不妨問一問：「妳看這樣是否妥當？」秘書感到受尊重，工作情緒便會大幅提高。

提問要講究方式，以提高水準，話題的選擇是一大關鍵。一位心理學家曾說：「要使對方感到開心，莫過於挑他最擅長的來說。」比如，你知道對方的羽毛球打得很好，就可先問：「聽說您對打羽毛球相當拿手，是嗎？」

提問，正像打羽毛球的發球，你以對方的特長發問，就像特意發了個容易接的球，對方當然樂於接球。

當然，各種發問方式都有優點和侷限性。在對談過程中，應本著交際目的的需求出發，靈活且恰當地選擇最好的發問方式。

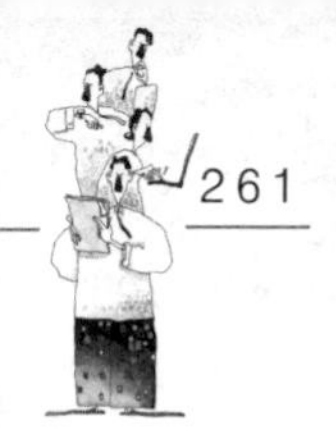

協助疏導感情，但不下價值判斷

你可以在非語言傳遞資訊中表明立場，但在語言傳遞過程中最好避免，這是一條重要界線。

在傾聽過程中，該如何開口插話，才能做到既不得罪任何人，又有助於達到最佳效果呢？根據不同對象，必須採取不同方法。

當對方與你談論某事，但因擔心你可能對此不感興趣，顯露出猶豫、為難的神情時，你可以伺機說一兩句安慰的話。

「你能談談那件事嗎？我不太了解。」

「請繼續說，我對此十分有興趣。」

此時，你說出的話是爲了表明一個意圖：我很願意傾聽，不論你說得怎樣，說的是什麼。如此將能有效消除對方的猶豫，堅定傾訴的信心。

當對方由於心煩、憤怒等原因，不能有效地控制自己的感情時，你也可以用一兩句話來疏導。

「你一定感到很氣憤。」

「你似乎有些心煩。」

「你心裡很難受嗎？」

說完這些話後，對方可能會發洩一番，或哭或罵都不足爲奇。因爲，你開口的目的，就在於把對方心中鬱結的異常情感「誘導」出來。而發洩一番後，對方將感到輕鬆、解脫，得以繼續地完成對問題的敘述。

值得注意的是，說這些話時，不要陷入盲目安慰裡。

不應對他人的話做出判斷、評價，說一些諸如「你是對的」、「你不應該這樣」的話，因爲你的責任只在順應情緒，爲他架設一條「輸導管」，而不應該「火

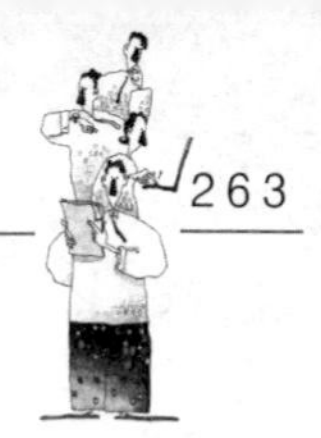

上澆油」，強化這股抑鬱或憤怒。

當對方在描述過程中，急切地想讓你理解他的談話內容時，你可以用一兩句話來「綜述」話中的涵義。

「你是說……」

「你的意見是……」

「你想說的，是這個意思吧？」

這樣的綜述，既能及時驗證你對談話內容的理解程度，加深印象，又能讓對方感到誠意，並能幫助你隨時糾正理解的偏差。

以上三種傾聽中的談話方法，有個共同的特點，即不對談話內容本身發表判斷、評論，更不對對方的情感做出贊同或否定的表示。

有時，你可以在非語言傳遞資訊中表明立場，但在語言傳遞過程中最好避免，這是一條重要界線。你若試圖超越這個界限，就有陷入誤解、爭執的危險。

好的結束，提高自己的印象分數

如果說好的開始是成功的一半，那要滿足另一半，絕對少不了好的收場，因此，別輕忽了「收尾」的工夫。

講話的過程中，一旦達到了溝通交流的最主要目的，那麼，就該設法及時結束談話。當然，對談的目標本身，直接影響我們與對方講話的時間或方式。

如果你只想陳述某一件事，且不需要對方做出任何反應或採取行動，你講清了事情的原委後，就可以結束談話了。

如果你期望說服對方改變某種看法或行為，期望對方承認你的勸說「明智」，談話就會進行得長一些，直到對方承認問題為止。

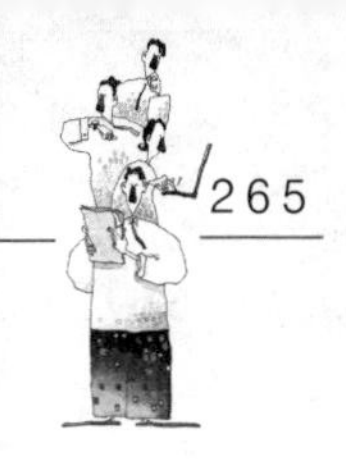

有時，對方需要時間來思考，無法馬上給出結論，你在結束談話前，就有需要根據情況做出合宜的結語。

結束講話時，總結一下對方和你本人的看法，強調一下彼此共同的觀點和看法，是很有必要的。但在這麼做時，一定要注意保持自身論述的客觀，不帶偏見，以雙方都能接受的方式進行總結。

換言之，最好以盡可能有利的方式描述對方的看法。

「感謝你和我討論這個問題。」

「花費了你不少時間，真是不好意思。」

「總的來說，你的那個想法有許多合理之處，很不錯。」

「你的話對我有不少啓發，感謝你。」

最後，結束談話時，你還可以向對方提出一些積極的希望。

某些情況下，對方需要一點時間思考你的話，需要過一段時間再與你繼續談論這件事，此時，你則需要講一些「活話」，使有關這個問題的談話能夠在日後再次展開，持續進行。

「如果你願意，我們可以再約個時間，進一步討論這個問題。」

「無論如何，有任何想法，請務必告訴我。」

談話的結束，不是只道一聲「再見」就解決，臨別前，要給人留下良好的印象，要得體而不失禮，有時更得爲下一次交談留下伏筆。

如果遇到爭論不休、意見無法一致的棘手情況，我們可以轉移話題，把有分歧的題目暫放一放，談點別的，等氣氛緩和了，再把談話告一段落。或是稍微折衷，設法求同存異。

「雖然我不同意你的意見，但你的考慮和出發點也有一定的道理，我想我們還是可以對此繼續討論。」

「對，我們都需要再琢磨一下。」

「咱們找機會再談吧！」

用友好的笑聲、笑容作輔助結束談話，加上意味深長的道別語，能夠讓好印象長時間留在別人的記憶裡。

面對情況各異的談話，不動一番腦筋，不用一著妙招，必定不利於人際交往的完善和健全發展。

如果說好的開始是成功的一半，那要滿足另一半，絕對少不了好的收場，因此，別輕忽了「收尾」的工夫。

小小玩笑，學問不得了

幽默是人生的調味，沒有幽默，人際關係必定難以順暢建立。但是，幽默要用在正確的地方，否則可能收到反效果。

人際交往中，開個得體的玩笑，可以鬆弛神經，活絡氣氛，創造出適於交際的輕鬆愉快氛圍，因此，詼諧的人多能受到歡迎與喜愛。

但是，開玩笑並非簡單的事情，若是玩笑開得不好，則可能適得其反，傷害感情，讓場面難堪。

開玩笑時，要掌握好以下分寸：

- **內容要高雅**

笑料的內容，取決於開玩笑者的思想情趣與文化修養。

內容健康、格調高雅的笑料，不僅給對方啓迪和精神享受，也是對自己美好形象的有力塑造。

某次，鋼琴家波奇在一次演奏會上，發現全場有一半的座位空著，於是對聽眾說：「朋友們，我發現這個城市的居民都很有錢，因為你們每個人都買了兩到三個座位的票。」

聽眾一聽，無不放聲大笑。波奇巧用無傷大雅的玩笑話扭轉了尷尬氣氛，使自己反敗為勝。

●態度要友善

與人爲善，是開玩笑的一大原則。

玩笑的過程，象徵了感情的互相交流傳遞，千萬不要藉著開玩笑對別人冷嘲熱諷，發洩內心厭惡、不滿的感情，因爲到頭來吃虧的還是自己。

也許有些人不如你口齒伶俐，表面上讓你佔得上風，但會在心裡認定你不懂尊重人，不願再與你交往。

•對象要區別

同樣一個玩笑，能對甲開，不一定能對乙開。人的身份、心情不同，對玩笑的承受能力自然有差異。

一般來說，後輩不宜和前輩開玩笑，下級不宜和上級開玩笑，男性不宜和女性開玩笑。

與同輩開玩笑，則要掌握對方的性格特徵與情緒，免得得罪人。

若對方性格外向，能寬容忍耐，即便玩笑稍微過火也多能得到諒解。相對的，若對方性格內向，喜歡琢磨言外之意，開玩笑時就應慎重。

此外，儘管對方平時生性開朗，但如恰好碰上不愉快或傷心事，就不能隨便與之開玩笑。相反，對方性格內向，但正好喜事臨門，抓準時機與他開個小玩笑，效果會出乎意料地好。

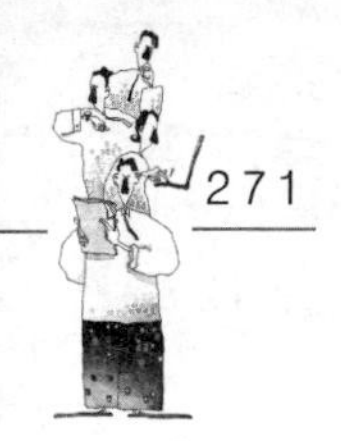

• 場合要分清

美國總統雷根曾經因爲誤開玩笑，爲自己招致不必要的麻煩。

一次，在國會開會前，爲了試試麥克風效果，他不假思索，張口便說：「先生、小姐們請注意，五分鐘之後，美國將對蘇聯進行轟炸。」

一語既出，衆人譁然。

之所以引起負面回應，正是因爲雷根在錯誤的場合、時間裡，開了一個極爲荒唐的玩笑。

總體來說，在莊重嚴肅的場合，不宜開玩笑。

不可諱言，幽默是人生的調味，沒有幽默，人際關係必定難以順暢建立。但是，幽默要用在正確的地方，否則可能收到反效果。

就算吵架，也要掌握尺度

只要一方能針對問題的具體情況，採取相應的溝通方式，巧用言語，就可以儘快打破僵局，使家庭生活恢復往日的歡樂與和諧。

即使是最恩愛的夫妻，相互間也難免會發生爭吵。

一般口角，吵過之後也就算了，但是，如果爭吵起來不加控制就可能產生激烈衝突，引出意想不到的壞結果，所以，夫妻爭吵有必要控制好「度」，即使在最衝動的情況下也不要超越這個界限。

這裡要注意以下幾點：

• 不揭短

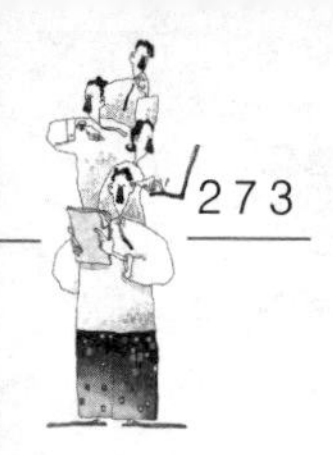

一般說來，夫妻雙方都十分了解對方的毛病和短處，平時彼此顧及對方的面子而不輕易指出，可是一旦發生爭吵，當自己理屈詞窮、處於不利態勢時，就可能把矛頭對準對方的短處，挖苦揭短。

有道是「打人莫打臉，罵人不揭短」，人最討厭別人惡意揭短，這樣做只會激怒對方，擴大事態，傷及夫妻感情。

・不翻舊帳

有的夫妻爭吵時，喜歡翻舊帳，把過去的事情扯出來，拿陳年芝麻爛穀子做證據，歷數對方的「不是」和「罪過」指責對方，或證明自己正確。

這種方式也是很愚蠢的，因爲夫妻之間的舊帳很難說得清，如果大家都翻對自己有利的那一頁，不但無助於解決眼下的衝突，而且還容易把問題複雜化，新帳舊帳糾纏在一起，加深怨恨。

夫妻爭吵最好就事論事，不前掛後連，這樣處理問題，才容易化解眼前的緊張氣氛。

• 不帶髒字

爭吵時，夫妻雙方可能高聲大嗓，說些過激過重的話，但是絕不能罵人，更不能帶髒字。

有些人平時說話帶髒字和不雅的口頭禪，爭吵時也可能順口說出來。然而，這時對方不再把它當成口頭禪，而視爲罵人，因此同樣會發生「爆炸」。

• 不貶低對方

夫妻爭吵時難免各執一詞，都感到眞理在自己這邊，對方是胡攪蠻纏，往往使用評價性語言貶低對方。

比如：「和你說話簡直是對牛彈琴！」「你這個人，說了一百次還聽不懂，簡直不可理喻！」「妳是一個潑婦！」「你是一個無賴！」

這些貶低對方的話，同樣容易刺傷對方的自尊，對方爲了維護自己的尊嚴，會一直爭吵到底的。

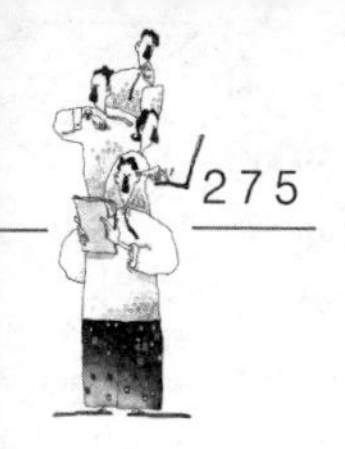

・不涉及親屬

有些夫妻爭吵時，不但彼此相互指責，甚至會把對方的家人全扯進來。例如說：「你和你爸一樣不講理！」「你和你媽一樣混帳！」如此把爭吵的矛頭指向長輩是錯誤的，也是對方最不能容忍的。

夫妻爭吵只要把握好尺度，就不會傷及彼此之間的感情，待「雨過天青」之後，兩人就又會和好如初了。

當夫妻因事發生矛盾出現冷戰局面時，到一定程度就要有一方首先打破沉默，這時另一方就會回應，夫妻握手言和，重歸於好。

打破沉默、消除冷戰的方式有以下幾種：

・直言和解

如果雙方的矛盾並不大，只是偶然出現摩擦，就可以直截了當和對方打招呼，打破沉默。例如說:「好了,過去的事就讓它過去吧,不要再生氣了。」此時對方就會有所回應,使雙方言歸於好。

也可以裝作把所有的不愉快都忘掉了,像什麼事也沒有發生似的,主動與對方說話,對方如順水推舟,即可打破沉默。如上班前,丈夫突然對還在生氣的妻子問:「我的公事包呢?」見丈夫沒有記仇,妻子也不好意思不理睬,應聲道:「不是在衣櫃上嗎?」

這樣就打破了僵局。

• 認錯求和

如果一方意識到發生問題的主要責任在自己,就應主動向對方認錯,請求諒解。比如:「好了,這事是我不好,以後不會再犯了。這件事是我考慮不周,責任在我,對不起,你就不要生氣了,氣出病來,可不划算!」

對方聽了,一腔怒火也許煙消雲散。

退一步說,即使錯誤不在自己一方,也可以主動承擔責任。

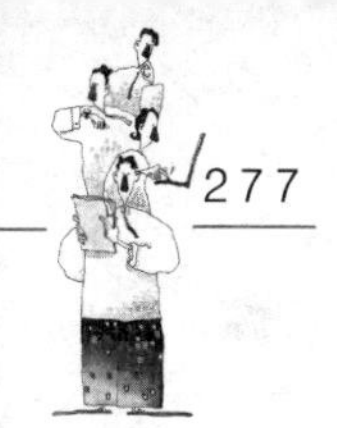

・幽默和解

開個玩笑是打破僵局的最佳方式。例如：「你看世界上的冷戰早都結束了，我們家的冷戰是不是也可以解除了？」「瞧妳的臉拉那麼長幹什麼！天有陰晴，月有圓缺，半月過去了，月亮也該圓了吧！女人不是月亮嗎？」對方聽了多半會「多雲轉晴」。

總之，只要一方能針對問題的具體情況，採取相應的溝通方式，巧用言語，就可以儘快打破僵局，使家庭生活恢復往日的歡樂與和諧。

08 示弱，助你避開可能的災禍

所謂示弱，說穿了，就是強者在感情上體貼，暫時在某些方面處於劣勢弱者的一種有效手段。

認識向人說不的好「撇步」

外交官們在遇到不想回答或不願意回答的問題之時，總是用一句話來搪塞：「無可奉告。」

拒絕，總是想起來容易，說起來難。

當我們想拒絕別人時，心裡總是想：「不，不行，不能這樣做，不能答應！」可是，嘴上卻含糊不清地說：「這個……好吧！可是……」

這種口不應允也不回絕的做法，一方面是怕得罪人，另一方面，也是因爲自身不懂得如何拒絕，不知道怎麼說才好。

現在，讓我們一起來學習說「不」的竅門：

•用沉默表示「不」

當別人問：「你喜歡這部電影嗎？」你心裡並不喜歡，又不想直接表態，便可以保持沉默，或者一笑置之，對方即會明白。

又例如，一位不大熟識的朋友邀請你參加晚會，送來請帖，你可以不予回覆，這行爲本身就說明了你沒有參加的意願。

•用拖延表示「不」

一位男士想和妳約會，在電話裡問妳：「明天晚上八點鐘去吃頓飯，好嗎？」如果妳本身沒興趣，便可以回答：「改天再約吧！我最近都很忙，不是很有時間，眞抱歉。」

一位客人請求身爲飯店服務生的你替他換個房間，你可以說：「對不起，這得值班經理決定，他現在不在。」

你和妻子一塊上街，妻子看到一件漂亮的衣服，很想買，你可以拍拍口袋說：「糟糕，我忘了帶錢包。」

有人想找你談話，你馬上低頭看看手錶，接著說：「對不起，我還和人有約，改天行嗎？」

以上種種，都是藉拖延表示拒絕的好方式。

●用迴避表示「不」

朋友邀你去看了一部拙劣的動作片，離開電影院後，朋友問：「你覺得這部片子怎麼樣？」

此時，你可以婉轉地回答：「我想我更喜歡抒情點的片子。」

●用反詰表示「不」

你和別人談論近期社會百態，對方問：「你是否認爲物價上長過快？」

你可以巧妙地反問：「那麼，你認爲增長太慢了嗎？」

●用客氣表示「不」

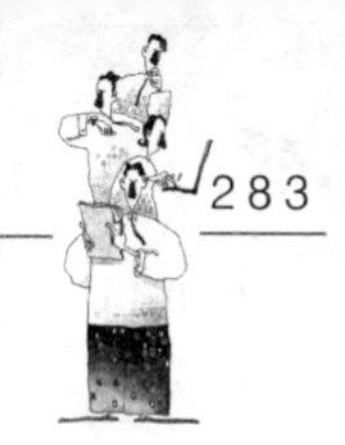

當別人送禮品給你，而你又不能接受，如此情況下，可以用以下幾種方式客氣地回絕：一是說客氣話；二是表示受寵若驚，不敢領受；三是強調對方留著它會有更多的用途。

●用外交辭令說「不」

外交官們在遇到不想回答或不願意回答的問題之時，總是用一句話來搪塞：「無可奉告。」

生活中，當暫時無法說「是」與「不是」時，也可用上這句話。

除此以外，還有一些話可以用來搪塞，諸如「天知道」、「事實會告訴你的」、「這個嘛……難說」等等。

當羞於說「不」的時候，請恰當地運用上述方法吧！

但是，在處理重大事務時，容不得半點含糊，還是應當明確地說出「不」字。一個口才出衆者，應當具備果斷拒絕的能力。

示弱，助你避開可能的災禍

所謂示弱，說穿了，就是強者在感情上體貼暫時在某些方面處於劣勢弱者的一種有效手段。

在事業和競爭中，爲了取勝，當然不可以示弱，但在特定情況下公開承認自己的短處，有意暴露某些方面的弱點，是一種有益的處世之道。

示弱，可以減少乃至消除不滿或嫉妒。

事業上的成功者，生活中的幸運兒，被人嫉妒是免不了的，因此，在這種一時無法消除的社會心理之前，適當的示弱可以將威脅作用降到最低限度。

示弱能使處境不如自己的人保持心理平衡，有利於整體的團結。

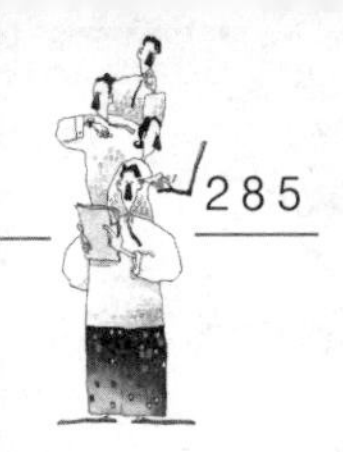

要使示弱產生積極作用，則必須善於選擇內容。

地位高的人在地位低的人面前，不妨表明自己學歷不高，經驗有限，知識能力有所不足，有過種種曲折難堪的經歷，實在是個平凡的人。

成功者應多在別人面前說過往失敗的紀錄，現實的煩惱，給人以「成功不易」、「成功者並非萬事大吉」的感覺。

對眼下經濟狀況不如己的人，可以適當訴訴自己的苦衷，諸如健康欠佳、子女學業不精以及工作中的諸多困難，讓對方感到「家家都有一本難念的經」。

某些專業上有一技之長的人，最好宣佈自己對其他領域一竅不通，坦露在日常生活中如何鬧過笑話、受過窘等。

至於完全因客觀條件或偶然機遇僥倖獲得名利者，更應直言承認自己是「瞎貓碰到死老鼠」。

示弱，可以是個別接觸時推心置腹的長談，幽默的自嘲，也可以是在大庭廣衆之下，有意以己之短，補人之長。

示弱，不僅表現在語言上，還要表現在行動上。

自己在事業上已處於有利地位，獲得了一定成功，在小的方面，即使完全有條件和別人競爭，也要儘量迴避退讓。也就是說，事業之外，平時對小名小利應淡薄疏遠些，因爲你的成功已經成爲某些人嫉妒的目標，不該再爲一點微利惹火燒身，應當分出一部分名利給弱勢者。

所謂示弱，說穿了，就是強者在感情上體貼暫時在某些方面處於劣勢弱者的一種有效手段。它能使你身邊的「弱者」有所慰藉，心理上得到平衡，減少或抵消前進路上可能產生的消極因素。

不願低頭道歉，將與人越行越遠

犯了錯後只一味替自己辯白，這種做法絕對是錯誤的，將導致人際關係陷入困境。高明的道歉，比拙劣的強辯好上百倍。

人人都會犯錯，這種時候，及時承認是最聰明的做法。與其等別人提出批評、指責，還不如主動認錯、道歉，更易於獲得諒解和寬恕。

眞心實意地認錯道歉，不必強調客觀原因，做過多不必要的辯解，就算確有非解釋不可的客觀原因，也須在誠懇的道歉之後再略爲解釋，而不宜一開口就辯解不休。否則，道歉不但不利於彌合裂痕，反而會擴大裂痕，加深隔閡。

當對方正處在氣頭上，好說歹說都聽不進時，最好先透過第三者轉致歉意，待對方火氣平息之後，再當面道歉。

如雙方僵持不下，勢必兩敗俱傷。不妨由當中一方先主動表示歉意，較有可能打破僵局，化緊張爲和諧，乃至化「敵」爲友。

誠心的道歉，應語氣溫和，坦誠而不謙卑，目光友好地凝視對方，並多用如「包涵」、「打擾」、「得罪」、「指教」等禮貌詞語。

道歉的語言，簡潔爲佳，只要基本態度表明，對方也通情達理地表示諒解，就切忌囉嗦、重複。

如果你覺得道歉的話難以出口，可以用其他方式代替。夫妻吵架後，一束鮮花能冰釋前嫌；放一件小禮物在餐碟旁或枕頭下，可以表明悔意，以示感情不渝。此外，即便不交談，握手也可以傳情達意。

無論如何，千萬不要低估「道歉」之妙。

有些過失是需要口頭表達歉意才能彌補的，也有些過失不但需要口頭表示歉意，更需要改正的實際行動。不管是何種情況，改正過失的行動，都是最眞誠、最

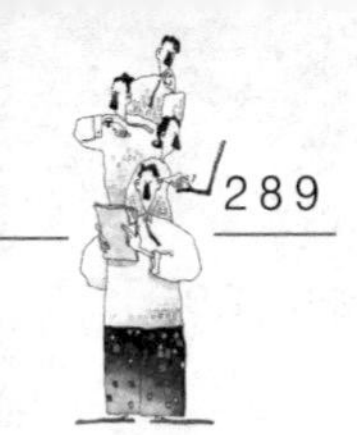

有力、最實際的道歉。

當然，如果你沒有錯，就不要為了息事寧人而向人道歉。這種沒有骨氣的道歉，對任何人都沒有好處。同時，要分辨清楚深感遺憾和必須道歉兩者的區別。比如你是主管，某一位部屬不稱職，勢必將其革職不可，對這種事，你可以覺得遺憾，但不必道歉。

堅信自己一貫正確，從不認錯、道歉的人，根本交不到朋友，或易交難處，缺乏知心朋友。

有人認為口才好的人不該低頭道歉，因此犯了錯後只一味替自己辯白，這種做法是錯誤的，將導致人際關係陷入困境。

高明的道歉，絕對比拙劣的強辯好上百倍。

讓寒暄發揮最大功效

寒暄是交談的媒觸和潤滑劑，它能在交談者之間搭起一座友誼的橋樑，產生認同心理，滿足人們的親合要求。

幾個人相約來到港灣邊，想觀賞在這裡舉行的帆船賽。可當他們走向堤壩準備觀看時，被員警擋住，說不准上去，因為觀眾已經滿了。眼看似乎沒有希望，同行的一位女士自告奮勇要再去試試看。大約過了幾分鐘，就看她招呼幾位朋友過去，原來已經打通了員警。

朋友問她是怎麼辦到的，她說：「我先跟他寒暄說，你在這麼熱的陽光下，維持秩序實在很辛苦等等。聊幾句之後，我接著告訴他，我們是來看比賽的，可是只能站在岸邊，根本看不到。於是他說，到堤壩上來吧！這邊看得很清楚。」

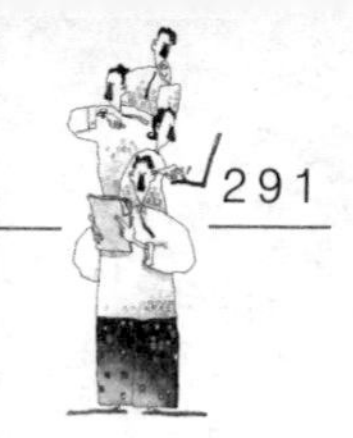

這就是言語的作用，即便只是寒暄，都能發揮極佳效果。

寒暄是交談的媒觸和潤滑劑，它能在交談者之間搭起一座友誼的橋樑，因爲寒暄能產生認同心理，滿足人們的親合要求。

如何積極有效地展開寒暄呢？一般須注意以下幾個問題：

•積極的姿態

主動釋出善意，這是讓人感到親切的最好方法。

任何漫不經心的言語，都會使對方感到被輕視。

•善於選擇話題

根據社會學家的研究，與生人見面後的四分鐘內，只宜做一般性的寒暄，如問候，互通姓名，談論無關緊要的話題等，應避免提出易於引起爭論的話題。

至於與老朋友、老同學或熟人相見寒暄，限制則相對的少一些，但還是以控制在某個範圍內爲佳。

●講究方式

與生人初次見面的寒暄，一般需有兩三個問答往復的過程。熟人之間的寒暄，如常見面，往往只需一句話、一個招呼，甚至只需一個眼神、一個微笑、一個手勢即可。如久不見面，則宜有兩三個問答往復的過程。

與別人相遇時，要迅速培養自己的愉快情緒，爭取主動，使對方從你的言行反應中感受到自己的存在，受人尊重的心理需要得到滿足，對你產生好印象。

辨清稱呼的用途，不可糊塗

適當稱呼對方的名字，能引起好感甚至是親切感，讓雙方的關係得到好的開始，皆大歡喜。

對於一個人的稱呼，似乎是件極簡單的事，但只要留心現代人稱呼名目的複雜度，你就會明白，適宜得體的稱呼能發生的微妙作用，超乎想像。不小心錯用，極可能導致聽者的不愉快。

對男人的稱呼，比較單純，一般稱先生即可。

對女性的稱呼，學問較大，必須兼顧身份。

一般稱已婚的女子，用夫姓稱太太，如果她的身份高，則稱夫人較爲妥當。對未婚的女子，可以稱小姐。

稱老師的妻子，一般爲師母，這樣才能表示尊敬，若直接稱爲太太，會給人沒禮貌的不良印象。

稱呼一個不明底細的女子，則用「小姐」最妥當，貿然稱「太太」相較之下不智得多。無論對方是十八歲或是八十歲，寧可讓她微笑地告訴你她已經是位太太，而不要使她憤怒地糾正你說自己其實是「小姐」。

隨著風氣的開放，有些在社會上活動的女子，雖然已婚，仍然更希望別人叫她某小姐。在拜訪她、與她交談之前，你最好先調查清楚，以免誤事。

與人初見面，若有人在旁介紹，則應依介紹人所用的稱呼方法，不可自作聰明，擅自更改。

前面所介紹，是一般性的稱呼法。如果要稱呼的對方地位較高，必須同時兼顧到職位和身份，則更要謹慎從事。

「先生」兩字是最普通的，甚至可通用到去稱呼高級的政府官員，當你覺得沒

有稱呼對方職銜的必要，或者不知道對方究竟是什麼職銜的時候，「先生」是最恰當的稱呼方式。

以職銜來稱呼某位政府官員時，可以不必叫出對方的姓氏。這一點，需要進出政府機構的人不可不注意。

此外，稱總統、部長、縣市首長等也一概如此。只有在你用「先生」二字來稱呼他們，或是和第三者談及他們時，姓氏才是必需的。

適當稱呼對方的名字，能引起好感甚至是親切感，讓雙方的關係得到好的開始，皆大歡喜。

想要在各領域都受人歡迎，就要看你是否具備靈活運用稱謂的能力。

道謝，並非僅是客套而已

「謝謝」是溝通人們心靈的橋樑，這個詞似乎極為普通，但運用恰當，產生的魅力無窮。

每個人幾乎每天都在向人道謝，但是，你的謝意真的有透過言語傳遞出來嗎？說「謝謝」時要認真、自然、直截，不要只含糊地咕嚕一聲，更不要因爲怕別人知道你在道謝而不好意思。

說「謝謝」時應有明確的稱呼，透過稱呼被謝人的名字或職稱，使你的道謝專一化、具體化。如果感謝的對象不只一位，最好要一個個向他們道謝，力求在每個人心裡引起迴響和共鳴。

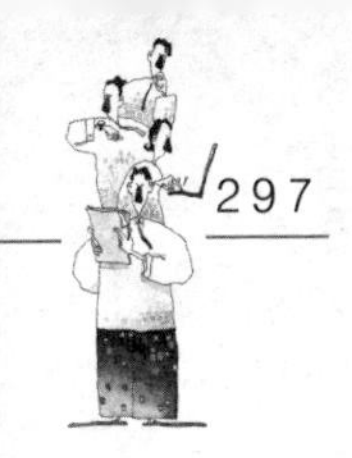

說「謝謝」時，要有一定的體態，頭部要輕輕點一點，目光要注視著你要感謝的人，並伴隨著眞摯的微笑。說「謝謝」時，要及時注意對方的反應，若是對方對你的感謝感到茫然，你要再用簡潔的語言向他道出致謝的原因，才能使你的道謝確實達到目的，不至於淪爲空話。

爲別人幫忙、辦事，多少總要耗費一些份外的精力，有時還不得不輾轉求人或托情，欠下別人一筆「人情債」。我們道謝時，一般要用含有歉意的語言來表示不安之心，如「眞對不起」、「煩您……」、「勞您……」、「實在不好意思」、「眞令人過意不去」、「讓您費心了」等等。

有時，道謝者在口頭表示謝意的同時，還要贈予禮物。送上禮物時，你可以再補上一句：「一點小意思，不成敬意。」或者說：「買了點小東西，不知道您喜歡不喜歡，還請笑納。」

在這麼說的同時，態度不可太過張揚，以便於對方接受。這麼做，可以避免讓物化的利害關係沖淡人情，否則，有意張揚，反覆提及，就有將人與人之間的互相幫助簡化爲純金錢關係之嫌。

對道謝者來說，有機會時在行動上給對方以回報，也是需要的。這種心願，需要適當表露。

爲此，你可以說：「今後，能給我一個回報的機會嗎？」「我很想投桃報李，需要時可不要把我忘了。」「希望在適當的時候讓我爲您出點力，表示一份小小的心意。」「不能賞個臉嗎？讓我爲您奔波一次，以免心中不安。」等等。

歸根究柢，道謝是爲了表達感激之情，如果使施惠者反而因此窘迫，便違背了本意。爲了不致使人窘迫，道謝要考慮時間、地點和對方的特點。

比如，被謝者不希望局外人知道自己幫了你，你就應尊重對方的意願。如果恰巧在大庭廣衆之前遇見對方，含蓄地表示謝意即可，如小聲地耳語，或者藉握手之機，用熱情有力的動作，加上含笑的眼神來表示。

「謝謝」不僅僅是禮貌用語，也是溝通人們心靈的橋樑。「謝謝」這個詞似乎極爲普通，但運用恰當，產生的魅力無窮。

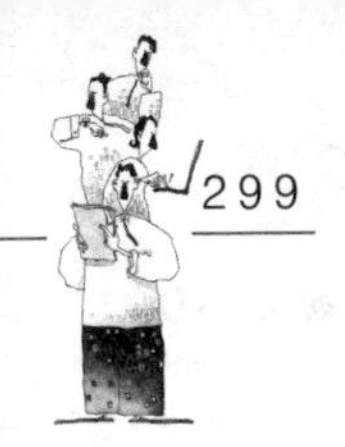

添加尾數更能讓人信服

「語言的尾數」本身就是最善、最美、最真的廣告，能提高真實感，製造印象和錯覺。

在日本，有位藥房老闆到太陽銀行請求貸款，申請單上填了「九十一萬元」。經理土田正男是企業調查的行家，立刻注意到一萬元的尾數。

他問：「這位老闆，為什麼不貸款一百萬或九十萬元呢？」

「只要九十一萬就好。九十萬不夠，一百萬多了點，貸款過多需要負擔不必要的利息。這個數目銀行不會不方便吧？」

「不會！不會！」就因為這「一」萬元的尾數，取得了銀行的信任，經理立刻蓋上「照准」的大印。

比起整數的九十萬或是一百萬，多了個尾數的九十「一」，正是增強他人信任度的關鍵技巧。

風行歐美的象牙香皀以「九十九．四四％純度」做廣告，不附和同類產品的「絕對純度」，小心且謹愼地誇張自己，卻增加更多的眞實性。

對於小數點，人們一向不重視它的價值，但在數字後面添加尾數，如上述的九十九．「四四」，卻能給人一定經過嚴密科學分析與檢驗的錯覺。

大衆傳播媒體專家普亞斯汀說：「製造印象和錯覺的首要條件，要能『以假亂真』，讓每個人都以為是『真』的。最大要訣，是著眼於使『對方容易相信』的觀點著手。」

芝加哥大學在議院報告上，說明自己是「全美最高學府之一」，避免宣傳意味太濃厚的「全美最高學府」。它並不直言自己是最好的大學，而說是最好大學「之一」，正是利用了以退爲進的說法。

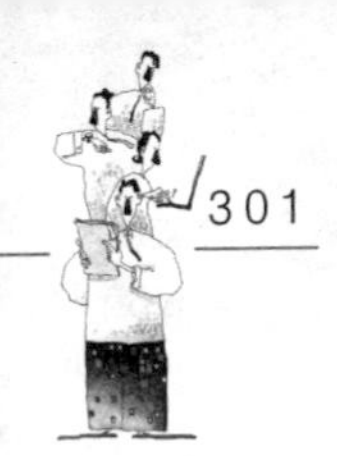

「語言的尾數」本身就是最善、最美、最眞的廣告。儘量不要以整數概略言之，將能提高眞實感，接收者才有考慮與注意的可能，否則，無論辭藻再美、語氣再誇大，都難以達到預期的目的。

利用數字確實能夠增加可信度，有許多人就相當信任數字情報。

英國政治學家迪斯萊利曾有一句名言：「謊言分為三種，單純謊言，令人討厭的謊言，以及統計數字。」

在謊言中加上統計數字，將能提高可信度，使對方深信不疑。有許多人在公衆演說當中，爲了不使聽衆對於演講內容感到懷疑，會像眞有那麼一回事一樣，列舉一連串數字作爲補充說明。

果然不出所料，原本昏昏欲睡的聽衆都不再打瞌睡，而且聽得入神。

因此，若在談話、爭論中也插入幾個有事實根據的統計數字，一定會提高說服力。

轉換立場就不必爭吵

比起一味地加諸觀念或斥責，把對方導引至第三者的立場，有技巧地說話，將更具成效。

常有人大唱高調：「爲爭論而爭論！」

事實上，這是不可能的事。

想以雄辯、說理使對方信服並不容易，尤其是以「自己的意見、對方的反對意見、自己的反對意見、對方的反對意見」模式進行爭論，更會加深彼此之間的對立僵持，並招致更多更有力的反駁。

千萬記住，立場對立時不宜爭論。此時，只有把對方導引至第三者的立場，才

能收到正向效果。

譬如勸導一名不良少年，如果選擇直接和他爭論，態度立場針鋒相對，除了加深反感，不會有什麼作用，要是打罵他，將使狀況更糟。

此時，不妨提出另外一名不良少年說：「那個孩子太不像話了，天天惹他的父母傷心，你有機會勸勸他吧！」

這當然是虛晃一招，目的還是要他自己勸自己，即使被他看穿你的眞正意圖，也是激起良知的一種好方法。

眞正的獲勝者，是使對方能眞正採納自己意見的一方。

類似勸服不良少年的例子，不妨在實際生活中找機會應用，比起一味地加諸觀念或斥責，有技巧地說話方式將更具成效。

09 會說話，更要會聽話

有良好口才的人，必須同時擁有良好的「耳才」，很會說話的人，同時必須是很會聽話的人。

會說話，更要會聽話

有良好口才的人，必須同時擁有良好的「耳才」，很會說話的人，同時必須是很會聽話的人。

不僅會說，更要會聽，這樣的人才是眞正的說話高手。

談話時，大凡你一句我一句地講，你一段我一段地講，或者只講不聽、只聽不講，都不能算是眞正的談話。

我們應該知道，自己所要追求的口才，不僅只注重講，還包括了聽在內；不只是口的問題，更與耳脫不了關係。

當腦子裡有希望表達的思想產生，自己把它變成語言，經過口唇的動作發出聲

音以後，還要經過對方的耳膜、耳神經，傳達到腦子裡，才算完成。但這時候，印在對方腦子裡的那一點意思，是不是跟最初自己所要表達的完全一致呢？這是擅長說話者最關心的課題。

追求說話能力的提升，不僅限於關心自己口中說出的話，更要理解對方腦子裡接收到的訊息究竟是什麼。

說穿了，一切關於口才的藝術，最後所追求的，就是自己的話在對方腦子裡所發生的印象及效應——要對方明白自己的話，相信自己的話，更願意照自己的話去行動。

你必定會問，要怎麼知道對方心裡在想些什麼呢？

答案非常簡單，主要就是靠「聽」。要小心地聽對方講話，更要好好地練習如何聽別人說話，抓出對方眞正想傳達的意思。

一般人聽別人說話時，都是相當不仔細、漫不經心的，動輒漏聽或者誤解。因此，關於對方的認識，免不了流於片面，充滿錯誤。如此一來，怎麼能夠希望自己的話抓住聆聽者的心，引起興趣，甚且說中心事呢？又怎能針對他心中的疑慮，進行有效的解釋呢？

許多人都以爲能夠滔滔不絕、口若懸河、一大套一大套地講個不完，就是有口才，但這想法並不正確。只顧著自己講，一點也不在乎別人聽了會怎麼想，這類人，即使講得很不錯，也不能說他的口才很好。

眞正擁有極佳口才者，並不一定講得很多，而是妙在能了解別人的心情和看法，三言兩語就使人感到佩服。

這種人的最大優勢，在善於聆聽。

你極有可能要問：「如果別人始終不開口說話，怎麼辦？」但口才很好的人就是有這樣的本事，使人說出自己的意見來。

會說話的人，不但自己會說，還擅長於聽，更有辦法使別人主動開口說話、高談闊論、暢所欲言、開誠佈公，甚至於推心置腹。

當然，只要有心，無論多麼複雜的東西，都有辦法學會。從最簡單的、最基礎

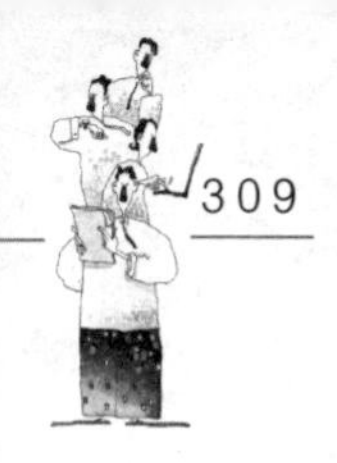

的部份開始，持續不斷地練習，任何人都可以在對談進行過程中明確抓住別人的說話要點。

在別人說完一段話以後，我們應要求自己分析出這一段話的意思，主要涵蓋了哪幾點。試試把聽到的話記下來、轉述出來，告訴朋友或家人，如此將可以更有效率地提高自身的聽話能力，不僅抓住對方說話的細節，連講話的用語、聲調和表情都不放過。

有良好口才的人，必須同時擁有良好的「耳才」，很會說話的人，同時必須是很會聽話的人。

會說話的人，在說的時候，絕不只僅憑自己的意思一味地滔滔不絕。事實上他在未說之前、說的時候、說完之後，都對一件事情非常關心，那就是——自己的話在對方耳中聽起來，究竟如何。

不輕忽觀察與傾聽，說話能力更精進

一個口才好的人，不只用口，不只用耳，而且還要用眼。耳才與眼才兼備，才能讓口才達到真正完美的境界。

一個口才好的人，無論在自己說話的時候，或是對方說話的時候，總是隨時地留意著對方面部的表情、眼神、姿態，以及身體各部位的細微變動。

舉個例子，在你說話的時候，如果對方兩眼忽然發亮，那是什麼意思呢？如果眼神好像很茫然的樣子，又是什麼意思呢？

如果聆聽者聽了某一句話，忽然笑出聲來，那是什麼意思呢？是開心的笑，還是不以爲然的笑呢？

如果對方打起哈欠來，如果對方的手指不安地亂動，甚至是暗暗把拳頭握緊

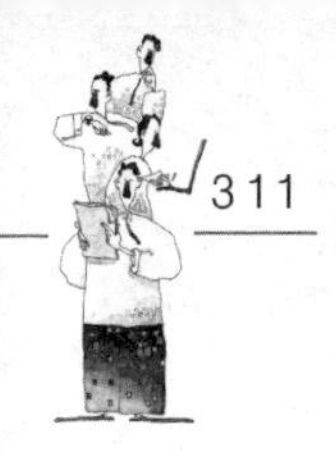

……這些小動作，又可能代表著什麼？

自己說話時，要留意聽者的反應，聆聽他人當對方說話時，更是要把眼睛和耳朵都集中在對方身上。

人並不只用語言來傳達自己的思想感情，特別是一般人，對說話、文字運用，都沒有經過適當的訓練，說出的話常常不能恰當地表達心意，因此在言語無能為力時，就需要藉神態和動作來補充。

最明顯的例子，當他們感覺到自己說出的話不太正確的時候，常常會用力地猛搖幾下頭；而一面說一面點頭，則是因為很滿意當下正在說著的話；若是在說話的時候皺起眉頭，則代表他們不曉得說出的話是否正確，感到疑惑。

講話者的聲調，往往傳遞著重要訊息。同樣一句話，用不同的聲調來說，便象徵了不同的意義。

一句話裡面，將哪個字說得重一點，將哪個字說得輕一點，足以使這句話本身的涵義產生或大或小的變化。

可是，在聽人說話時，如果你只用上耳朵，沒有用眼睛去捕捉對方的動態表情，那無論你將對方聲調的變化把握得如何細緻精當，仍可能會漏掉許多可以用眼睛發現的重要消息。

許多人都有一種壞習慣，聽別人講話時，不是低著頭，就是兩眼望著別處，總不肯望著說話的對方。

如果問他們為什麼要這樣呢？他們往往會回答說，我不覺得有去理會注意的需要，或者說，我覺得有點不好意思。

相對的，也有些人會用眼睛死死地盯著說話者，好像發現小偷或看見絕世美女一樣。這種態度同樣會使說話者感覺不舒服，並不妥當。

必須釐清一個觀念：問題的癥結點並不在於兩眼望人這件事本身，而在於你望人時的心理狀態。

用眼睛看人，固然有時候是在偵察，但更多的時候，是在認眞地注意對方說的

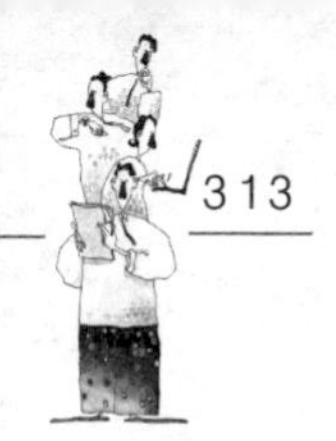

話，是在熱切地關心對方，更是在誠懇地尊重對方，細膩地體貼對方。所以，用眼望人，在大多數場合是禮貌的，只要你對人無惡意之心，且充滿熱情，就不會害羞，也不至於無禮。

在練習口才，用口說話之前，必須先學習會用耳、用眼。用你的耳目去了解、把握、體貼對方，你口裡說出的話才會深入對方的心坎，這才是口才的最高成就。

時時提醒自己，想要提升自身具備的說話能力，先不要急於說，先聽，先看，聽人怎麼說，看人怎麼講。

一個口才好的人，不只用口，不只用耳，而且還要用眼。耳才與眼才兼備，才能讓口才達到真正完美的境界。

聽話的才能和修養影響極廣

生性較神經質、苛刻的人，會從他人講話與聆聽的態度，判斷誰對自己友善、誰又抱有敵意。

所謂談話，必須在講話者和聽話者雙方同時存在的狀況下才能進行，可儘管如此，並不保證一定能夠談得順利。

不知你是否注意到一個有趣的現象：愛講話的人，往往會對愛聽他講話的朋友特別親近，但若換成兩個同樣口若懸河的人湊在一起，便難保不發生衝突。

不妨想想，這是爲什麼呢？

道理很簡單：喜歡說話的人多，願意傾聽的少。

若把會說話當成一種才能，那麼，聽話則既是一種才能，又是一種修養。西方

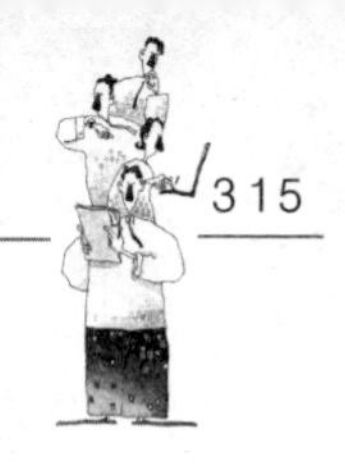

大部分都喜歡「聽話」的人，東方人更覺得「聽話」的人好相處，它是虛心、尊重的象徵，更是虛懷若谷的好品德。

常言道：「眼睛比嘴巴更會說話。」觀察別人在聽話時做出的表情和反應，是達到感情交流的重要手段。

曾有專家針對來自五種不同文化環境的學生展開研究，得出相當有趣的結果：儘管他們彼此說著不同的語言，幾乎不能溝通，卻能準確地辨認出對方臉上代表幸福、厭惡、驚訝、悲哀、憤怒和恐懼的表情。

透過這項研究，可以知道，人即便不說話，也能藉臉上的神色傳遞出自己心中的想法，包括喜愛、悲傷、驚喜、遺憾等感情。

接下來，讓我們更深入了解「聽話」能帶來的幾大好處：

• 聽話的耐心——交際中佔得便宜

幾位大學畢業生坐在小會議室裡，正在接受新單位的工作分配。人事經理上台簡要地介紹公司情況，此時，畢業生小姚由於已從其他資訊管道獲悉自已將被分配到外銷部工作，因此對經理冗長的介紹滿不在乎、東張西望，甚至偷偷地把隨身聽的耳機戴上，放起音樂來。

不料，就在此時，經理突然宣佈分配方案將有改動，第二天，小姚被告知改到待遇較差的儲運部報到。

他對工作的突然變動感到迷惑不解，實際上，問題就出在他聽講時所表現出的不耐煩態度上。

聽人講話時，要像自已對別人說話一樣，保持飽滿的情緒，專心致志地理解對方講述的內容，即使你覺得內容過於囉唆沉悶，或已經聽懂要表達的意思，也應出於尊重，認眞聽下去。

如果對象是老朋友，你可以適時插入其他話題，引導談話轉向，往彼此較感興趣的內容發展，但對於初識或重要的交際場合，不可輕易這樣做，以免失禮。

• 聽話的謙虛——贏得美名

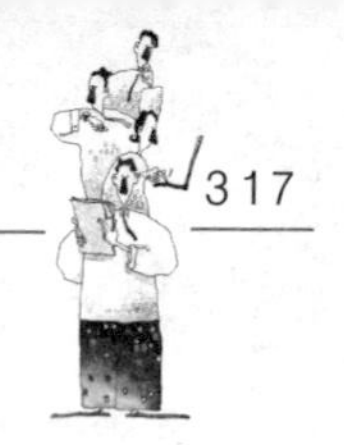

人際交往的主要功能是情感交流，但在過程中，又不能過於感情用事。

許多年輕人都有一個毛病，就是過於自我，不尊重他人，經常不顧場合就打斷別人的談話，自己接下去亂發揮一通。這是非常沒有禮貌的一種表現，殺傷力極大，尤其忌諱在與長輩、上司、師長的談話中發生。

如果「雄辯是銀，沉默是金」的說法確實正確的話，身處有經驗或者富見識者在座的場合，不妨扮演一名熱情的聽衆就好，因爲這不失爲一個能獲得知識、增長見識的良機。

歐美先進國家的談吐心理訓練中，有兩項內容必不可少，第一是講話的分寸與風度，第二就是學會在合宜的時機作稱職的聽衆。

善於傾聽的人，最先也許不大受人重視，不大引人注意，但後來必能受人尊敬。展現出傾聽的雅量，不僅使人覺得你謙虛好學，更使人對你內蘊不露的才能產生敬畏，有利無害。

•聽話的呼應顯現你的才氣

一邊聽人家講話，一邊做與談話無關的事，是不尊重的表現，因此，不論面對的是地位比自己高或是低的人，都要會心聆聽。當然，偶爾回應一兩句話是很好的，這種積極的呼應，說明你對話題相當留心且具有興趣。

當一個人在講話的時刻，必定無時無刻不關心周遭聽眾的反應。生性較神經質、苛刻的人，會從他人講話與聆聽的態度，判斷誰對自己友善、誰又抱有敵意。與人談話時，不時發出聽懂、贊同的聲音，或有意識地重複某句重要的話，都足以讓對方不自覺地對你產生好感。

很多時候，會心的笑聲等同於一種贊許，傾心聆聽的表露。適度運用，能夠幫助你在與人交流時取得更高的印象分數。

聽話，其實比講話更能體現出一個人的才能和修養。

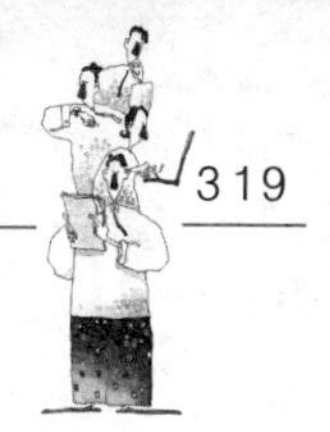

抓出聽與說之間的平衡點

想要在與人交往時佔優勢、吃香，就要抓好沉默與健談的分際，找到最適宜的平衡點，不說不適宜的話。

多說招怨，瞎說惹禍，絕對不是危言聳聽。正所謂言多必失，多言多敗，適度保持沉默才不至於出錯，因爲這是不傷人的最好方法。

一個冷靜的傾聽者，不但受人歡迎，且能獲取有利訊息。相對的，喋喋不休的人則像一艘漏水的船，凡不慎搭上的乘客，無不希望趕快逃離。

不得不承認，言語是一把雙面刃，它可能使人吃香，也可能使人吃癟。產生的影響力究竟是好是壞，由運用方式決定。

話多不如話少，話少不如話好，多言不如多知。即使千言萬語，也不及一件事實留下的印象那般深刻。多言是虛浮的象徵，因為口頭慷慨的人，行動一定吝嗇，說話極隨便的人，必定不具備責任心。

一個話說得少而且說得好的人，可被視為紳士。因此，在我們的人生中，有兩種教訓是不可少的，就是沉默與優雅的談吐。不會機智地談吐，又不懂適時保持沉默，將造成很大的缺憾。

我們都希望擁有好口才，卻也常因話說得太多而後悔，所以，當你對某事沒有太深刻了解的時候，還是保持沉默吧！

當然，沉默不能過分，否則將產生溝通障礙。

少說話固然是美德，可是，人既然在社會中生活，就免不了得說話，而不能完全不說話，不然跟啞巴沒兩樣。

由此，產生另一個問題：既然要說話，該怎麼說才好？

在任何地方、場合，要說話時，最好多說自己經歷過的感慨之言，說心靈深處

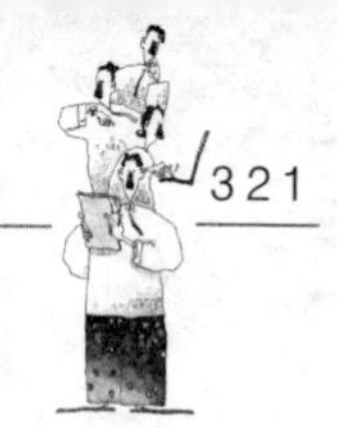

的衷心之語。說自己有把握的話、說能夠啓迪人的話、說能警戒人的話、說能教育人的話、說溫暖的話、說能使人排憂解難的話。

由此延伸，自身沒把握做到的話不要說、言不由衷的話不要說、傷人的話不說、無中生有的話不要說、惡言惡語不要說、傷感情的話不要說、造謠的話不要說、粗言穢語更不要說。

若是到了非說話不可的重要關頭，你所說的內容、意義、措詞、聲音、姿勢，都必須加以注意，什麼場合，應該說什麼、怎樣說，都要先進行研究。

無論是探討學問、接洽生意、交際應酬、娛樂消遣，從我們口裡說出的話，一定要有重心，更要具體、生動。即便不能達到「不鳴則已，一鳴驚人」的境界，但只要朝這個目標努力，必定會有所發展，得到收穫。

必須知道，想了讓你說出的每一句話確實被人重視，不使人討厭，唯一的秘訣就是說適量的、恰當的話。說出適量的話，能使你擁有較充裕的思索時間，使言語更精采、動人。

在學習保持適度沉默同時，也該要求自己成爲一名好聽衆。做一個有耐心的聽衆，是談話藝術當中一項重要條件。能靜坐聆聽別人意見的人，必定富於思想並具有謙虛溫和性格，會是受歡迎、被尊敬的角色。

成爲一名好的聽衆，必須滿足以下幾個條件：

首先，必須眞誠。別人和你談話的時候，你的眼睛要注視著對方，無論對方的身分地位多高或者多低，這個大原則都不改變。

只有虛浮、缺乏勇氣或態度傲慢的人，才不正視別人。

別人對你說話時，不可同時做著一些不必要的工作，一方面，這是不恭敬的表示，另一方面，若他在發話途中偶然問你一些問題，你將極有可能因爲不留心而無法恰當地給予回應。

其次，傾聽別人的話時，偶然插上一兩句回應是很好的，不完全明白時，提出疑問也是非常需要的，因爲這樣做正表示了自己對交談的重視與誠意。但不可把發

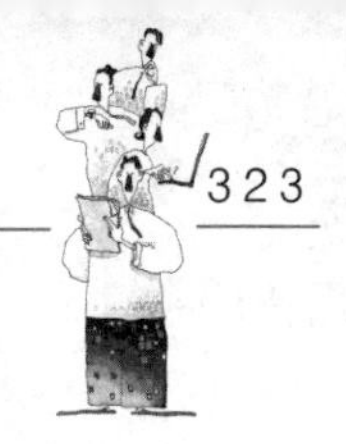

言的機會搶過來，滔滔不絕地說起來，除非對方的發言已明確地告一段落，或明示你可以接過話題，才能這樣做。

另外，無論他人說什麼話，最好不要隨便糾正當中的錯誤，若不慎因此引起對方的反感，你就算不上是一個好聽眾。無論是提出意見或批評，都要講究時機和態度，

避免過於莽撞，將好事變成壞事。

有些人常喜歡舊事重提，把一件已經對你說過好幾次的事情說了又說，這通常是深埋在他心裡最難忘的事情，或比較得意，令他高興，或者比較傷心，令他不快。也有些人會把一個笑話重複多次，還自以爲新鮮有趣。

這種情況下，作爲一個聽眾的你，要培養出忍耐的美德，千萬不能對他說，你已對我說過好幾遍了，否則將嚴重傷害對方的尊嚴。你唯一應該做的，是耐心地聽下去，不要表露出厭煩，以博得好感和信任。

如果說話的人滔滔不絕，你卻毫無興趣，覺得用時間和精力去和他應酬十分不值得的時候，應該用更好的方法使對方停止那些乏味的話題，並謹守不傷害自尊、

尊嚴的原則。

最好的方法，是巧妙地引開現下進行的話題，談點別的，而這個別的話題，最好是他所內行的或是所喜歡的題目。

一個人是健談好，還是沉默好？

事實上，兩種都好，也都不好。想要在與人交往時有良好的互動，就要抓好沉默與健談的分際，找到最適宜的平衡點，不說不適宜的話。

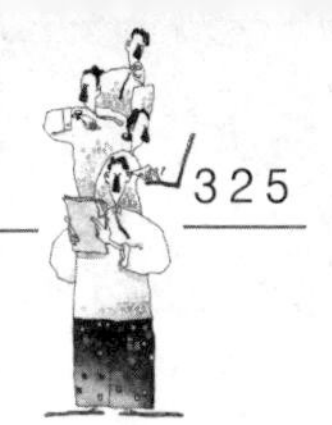

爭取交往優勢，從傾聽開始

不去傾聽自己如何講話，也就不會知道別人應如何對你講話，當然無從謀求聆聽能力的進一步提高。

無論你與人交往的目的是什麼，都要在學會「說」的同時也學會「傾聽」，讓這兩種優勢相輔相成，才會比他人更吃香。

掌握應該注意的事項，理解「聽的規則」，將能有效提高交往的效率。

●弄清楚自己聽的習慣

首先要了解，你在聽人講話時，有哪些好的習慣，又有哪些壞的習慣。

你是否習慣對別人的話匆忙做出判斷?是否常常打斷別人的話?是否經常製造

交往障礙？

了解自己的習慣，是正確運用聆聽技巧的前提。

• 不要逃避交往的責任

既然稱爲交往，自然代表有兩名以上參與者，既有說話者，也有聽話者，缺一不可，且每個人都應輪流扮演聽話者的角色。

作爲一個聽話者，不管在什麼情況下，當不明白對方說出的話究竟代表著什麼，便應該藉各種方法使他知道這一點。你可以向他提出問題，或者積極地表達出你所接收到的意思，以便讓對方糾正聽錯之處。

這種時候，最忌諱的就是一言不發，一點表示也沒有。

• 全身都要注意

要面向說話者，與他保持目光接觸，以自身的姿勢和手勢證明正在傾聽。無論自己是站著還是坐著，都要與對方保持適當距離。

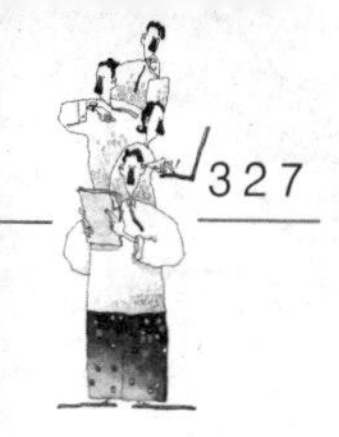

畢竟，人人都希望與能認眞傾聽、舉止活潑的人交往，而不願意白費心力與「木頭人」對談。

●把注意力集中在對方說的話上

既然每個人集中注意力的時間不長，你在聽話時，就要有意識地把注意力集中起來，努力把環境干擾壓縮到最小限度，避免走神分心。積極的姿勢，有助於注意力的集中。

●努力理解對方的言語和情感

不僅要聽見對方傳達的資訊，更要聽出對方表達的情感。

假設有兩名郵差，其中一名這樣說：「我已經把這些信件處理完了。」另一名則說：「謝天謝地！我終於把這些該死的信件處理完了！」

儘管兩人所出發的資訊內容相同，但後者與前者顯然存在著明顯區別——他還表達了強烈情感。

不僅傾聽講話的內容，更理解說話者的情感，如此細心的聆聽者，必定能準確地理解說者的想法與情緒，取得交往的最高效率。

‧觀察講話者的非語言信號

既然人際交往經常透過非語言方式進行，我們不僅要聽對方的語言，更要注意對方的非語言表達方式。

這就要求你留意觀察說話者的面部表情、如何與你保持目光接觸、說話的語氣及音調和語速等，同時，還要注意對方站著或坐著時與你保持的距離，從中發掘出言外之意。

‧對講話者保持稱讚態度

對講話者保持稱讚態度，能塑造良好的交往氣氛。

講話者越感受到你的稱讚，就越能準確表達自己的思想。相反，如果你對講話者表現出消極態度，就會引起他的防禦反應，產生不信任感和警戒。

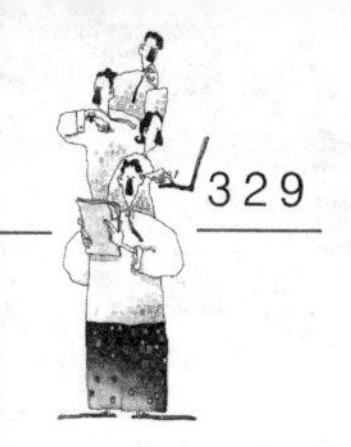

●應努力表達出理解

與人交談時，要努力弄明白對方的感覺如何，他到底想說什麼。

全神貫注地聆聽，不僅表明你理解他的情感，且有助於準確地理解資訊。

●要傾聽自己講的話

傾聽自己講的話，對於培養傾聽他人講話的能力是很重要的。

傾聽自己講的話，可以讓你了解自己，事實上，一個不了解自己的人，很難眞正地了解別人。

傾聽自己對別人講了些什麼，同時也是了解、改變和改善聆聽的習慣與態度的一種手段。不去傾聽自己如何對別人講話，也就不會知道別人應如何對你講話，當然無從謀求口才與聆聽能力的更進一步提高。

藉同夥意識剷除敵對意識

利用「相互作用影響的體系」，讓「移入感情」發生作用。即使在敵對的關係當中，也能使對方產生「同夥意識」。

把「同夥意識」灌輸到對立或敵對者的腦海裡，是取勝的絕對性關鍵。因美國獨立戰爭成功而活躍一時的政治家富蘭克林，就是最擅長使人產生同夥意識的說話高手。

有一次，國會召開制憲會議，議決美國憲法，過程中爭論不休，時起激烈的爭執，最後居然演變成對於個人的人身攻擊。

富蘭克林認為，若要使會議圓滿地達到制憲目的，就必須先收拾眼下這種相互

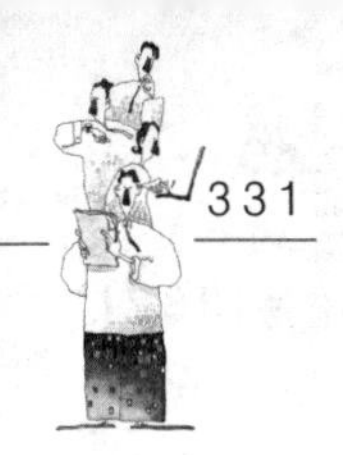

對峙的僵局。

於是他起立發言：「坦白說，我個人並不百分之百贊成這部憲法，可是我卻不敢確信，在座的諸位是否也有同樣想法。我已經是耄耋之年了，卻還經常發現自己可能也會犯錯。我確實是固執己見的，但當有了最新最好的資料和更深入的思考時，我也會考慮改變自己的觀點，去容納不同的意見。」

「在一些重要的問題上，我最初以為自己的想法是正確的，然而最後的結果顯示實際上並非如此，於是，我不得不研究別人的不同意見，重新審視過去的想法：『為什麼別人與我不一樣，自己能保證絕對完美無瑕嗎？』為了讓這部憲法順利通過，諸位是否可以再考慮一下自己的意見呢？」

「自己可能也會犯錯」是富蘭克林這段講詞中的精髓，憑著這句話，終於使國會通過了美國憲法。

行爲科學上，這稱爲「相互作用影響的體系」，成功的關鍵在於使「移入感情」發生作用。

哈佛研究中心的羅基恩特教授說：「『同夥意識』原則在心理學上曾經做過多次實驗，均極為成功。」

爲了研究如何改善人際關係，他將一些原本感情不太和睦的男女學生，兩人一組，分成若干組進行實驗，並囑咐每組的其中一名，要以親切友善的態度和對方攀談，結果，另一名原本與組員不睦的學生，不僅消除了敵意，而且大多化干戈爲玉帛，順利和好。

這項實驗的成功率，高達七十到八十五％。

巧用「自己可能也會犯錯」，即使在敵對的關係當中，也能使對方產生「同夥意識」。如果不知道該如何剷除橫亙在彼此之間的感情阻礙，這絕對是一個值得嘗試的說話方法。

把對方當主角，成效會更好

想要博得他人的喜歡，在交談的過程中卸除心理防備，就要把對方當作「談話內容的主人翁」。

有兩名士兵同樣從戰地歸來，回到苦苦守候的女朋友身邊。其中一位說：「我在外孤孤單單，好寂寞！」

另一位說：「沒有妳在身旁，我好寂寞！」

同樣的內容，不一樣的說法，哪一句更能使女朋友感到開心？

梅伊博士說過：「愛是感受對方存在的一種喜悅，不僅要確信自我的價值和成長，也要確信對方的價值和成長。認定對方的價值和好意，並且感受到自己和對方交往時的喜悅，便是『愛』的兩大元素。」

這番話似乎有些抽象，表現於言行卻很具體。在說出表示友好和關心對方的話語時，處處以對方爲重心，然後再表達自我的想法感受，將會使對方更感到歡欣、喜悅，並使愛情果實豐收。

有位作家雖然名譽不佳，但周旋於女人堆裡，仍然大受歡迎。他之所以能夠得到異性的衷心垂青，正在於熟悉女性的心理，進而加以操縱。

他經常反覆地使用下列語句：

「妳想要說些什麼？」

「我想到妳……」

「我認為妳最合適的……」

「妳擔心的是……」

「記得上次和妳在一起時……」

這幾句話，總是隱隱地表示出「我一直在想妳」的意味，並帶有款款的情意，濃濃的關切。

當然，此類說話的技巧的應用，不只限於男女之間。

瓦納梅是美國百貨業大亨，手下店員多到不知其數。他的過人之處，在於如經顧客舉發某名店員的態度惡劣，絕不會把人叫來痛罵一頓，而是溫和地說：「我想你一定不會做出這件事來的，這絕對是場誤會。」

不但如此，他還會問：「怎麼了？是不是家裡出了什麼事？」

面對關心，店員多會慚愧得掉下眼淚，連聲道歉。

這就是「關切」產生的力量。我們所要學習的，正是瓦納梅在言語中自然透露關心的說話技巧。

想要博得他人的喜歡，在談話的過程中卸除心理防備，一個重要的說話秘訣，就是儘量把對方當作「談話內容的主人翁」看待。

用「不」來剷除拒絕態度

對方不肯說話，表露出拒絕的態度，因為心裡充滿了「不」的反抗意識。想使他開口，首先就要剷除這個「不」字。

與人相處過程中，如果能順利打破沉默，製造共同的話題，不啻在人際關係上注入一針強心劑。

那麼，該如何打破沉默？

心理專家在替人進行心理諮商和診斷之時，最令他們感到頭疼的事，莫過於病人拒絕合作。

這類人不僅一問三不知，甚至不理不睬，只是緊閉著嘴巴，兩眼傻傻瞪著一個方向，無論怎麼問，就是充耳不聞、毫無反應。

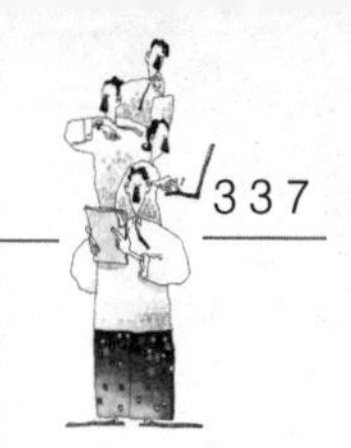

於是，有心理專家針對這種狀況，發明一種特效藥，就是猛然提出一個會令他提出反駁的問題。

身爲主管的人，碰上那些工作表現不佳、受到上司責罵的職員，不妨對他們說：「你在家裡，和太太、家人，一定處得不好！」

毫不客氣地從他的頭上澆下一盆冷水，他必會氣憤地反駁：「胡說！我和家人一向處得很好！」

人都有自尊心，即使他和家人處得不好，也不願意讓家醜外揚。

等到順利使他開口，再抓住這句話作爲把柄，追問：「那你爲什麼在辦公室裡和同事處不好呢？」

可想而知，他自然會滔滔不絕地說出一大堆理由，把心中的話全盤托出。

對方不肯說話，表露出拒絕的態度，因爲心裡充滿了「不」的反抗意識，想使他開口，首先就要剷除這個「不」字。

納德創辦世界上第一家人壽保險公司，手下知名經理人巴頓有一個極爲巧妙的交涉小技巧：「我每次和對方打交道，談話一開始，總要提出一個他必然會回答『不』的問題，接著追問他『為什麼』，如此一來，對方立刻落入陷阱中，順利打開話匣子。」

這正如得到一瓶芬芳醉人的香檳，必先使瓶塞「不」地一聲打開之後，才能眞正品嚐到美酒的醇郁。

把話說得更巧妙的技巧，正在於此。

10 加深印象，更有說服力量

想要讓自己說的話更有說服力，務必要使語意生動明晰，才能深深打動聽者的心，進而獲得不同凡響的效果。

聰明打開話題，發揮言語效益

故意發個讓對方容易接的球，他一高興，當然樂於還擊，話題會自然地圍繞著興趣轉，讓他談笑風生，起勁地暢談不休。

人際溝通專家畢傑曾說：「如果你想把話說到別人的心窩裡，就必須知道如何利用別人最喜歡聽的話，間接傳達你想要傳達的意思。」

的確，同樣的一件事，用不同的兩種話來表達，最後的結果往往是大相逕庭。如果你可以在事前就知道你想要傳達的人喜歡聽什麼話，然後再用他喜歡聽的話間接傳達你想要傳達的事情，那麼，這個人接受的程度肯定會高出許多。

與人交談就如同打桌球，必須迅速靈敏地將球抽回，一方面維持與對方的連續還擊，一方面藉著那小小的乒乓球，溝通彼此的心靈。

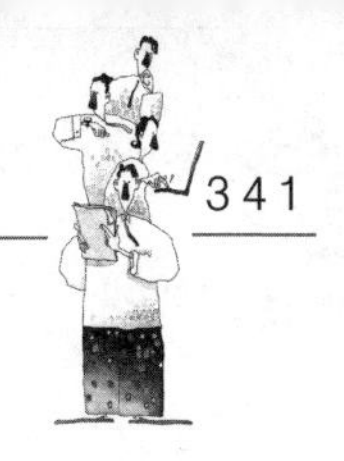

最容易維持交談的話題，莫過於針對對方的興趣出發。

這正如同桌球運動中的發球，故意發個讓對方容易接的球，他一高興，當然樂於還擊，話題會自然地圍繞著興趣轉，讓他談笑風生，起勁地暢談不休。

這可稱之爲談話的「情感發酵」，或者「談話的發球」。

被商界譽為「銷售權威」的霍依拉先生，便十分擅長「談話的發球」。

有一次，他為了替報社爭取廣告刊登，親自到梅伊百貨公司拜訪總經理梅伊。相互寒暄介紹以後，霍依拉不經意地加上一句：「您在哪兒學會駕駛飛機的？」想不到這句話真靈驗，正好搔著梅伊的癢處，觸發了他的談興，於是便主動邀請霍依拉在週末時搭乘他的自用飛機。

可想而知，有好的開始，這樁大生意自然有了著落。

這位銷售權威何以知道梅伊總經理會駕駛飛機？當然是因為在上門拜訪之前，早已先做過調查。

霍依拉心想：「如果我是一天到晚都忙著做生意的總經理，聽見有人還繼續談商場上的那一套，一定感到心煩。我得換個方法，另闢蹊徑。」

就憑著這一招，他成功創下了廣告招攬額的最佳紀錄。

如果事先調查不出對方的興趣，該怎麼辦？

沒關係，只要問他：「您在閒暇的時候，都做哪些消遣呢？」以此切入，同樣可以套出對方的嗜好。

不過，要採用這項策略，你本身需要具備一項條件，那就是興趣、愛好廣泛且普遍，不論談些什麼都能應答如流，如此一來雙方才可能聊得投機，各項要求自然而然地能夠順利被達成。

當然，想要把話說進對方的心窩裡，是一門博大精深的心理學，掌握對方的興趣嗜好和心理狀態只是其中的要點之一，必須以更多說話技巧輔助。

貝爾就曾經說過：「一句話往往再加上幾個字，就可以讓別人原本不想聽的話，變成別人願意聽的話。」

的確，有時候一句話往往加上幾個裝飾字之後，就可以更巧妙地傳達自己原本

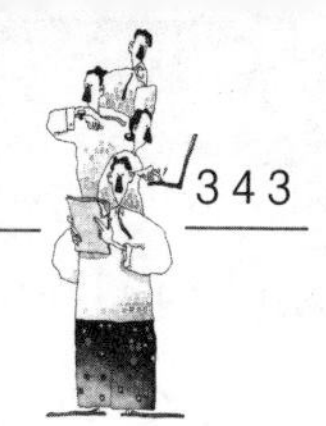

想要表達的意思。譬如，當你想指出別人的錯誤的時候，如果試著話在語之前加上「以下我準備說的話，完全對事不對人」，那麼，相信別人就比較能夠虛心地接受你的指正。

口才可以說是現代社會必備的競爭資本，「把話說得更巧妙，把意見滲透到別人心裡」，更是商業社會的成功之道，唯有具備良好的說話能力，才能在劇烈的競爭中遊刃有餘。

細心研讀說話的各種技巧，掌握對方的心思後加以靈活應用，會使你更迅速擄獲人心，也更順利達成自己的目的。

注意語調,把話說得更好

「一句話能讓人捧腹大笑,也能讓人聽得暴跳如雷。」同樣的一句話,會引起哪種反應,全掌握在說話人的語調和方式。

言談間的聲調和說法,確實很重要。有句俗話說得好:「一句話能讓人聽了捧腹大笑,也能讓人聽得暴跳如雷。」同樣的一句話,會引起哪種反應,全掌握在說話人的語調和方式。

觀察身邊的朋友,我們也許會發現一個現象:有些人不管走到哪裡,融洽氣氛就跟著到哪裡,總能給人一種「如沐春風」的感覺。

這種人縱使處於充滿火藥味的場合,也能讓說話聲調成爲最佳的緩和劑,鬆弛劍拔弩張的緊張氣氛。在應對上尤其如此,藉合宜的語氣引起對方的快適,不知不覺之中就附和了他的主張，達成共識。

曾風靡一時的一代尤物瑪麗蓮夢露，擁有美麗的臉龐、迷人的身段、白皙的肌膚、修長的玉腿，再加上充滿性感、令人心動神搖的美臀，任何人見了都會深受吸引，終身難忘。

但是，心理學家認爲，她最能顚倒衆生的特質，在於迷人語調。瑪麗蓮夢露的談吐有種餘音繞樑的效果，嗲聲嗲氣中隱藏可以支配他人的魔力。

想要學習說話技巧的人，應在聲調上多下點功夫。迷人悅耳的聲調可以幫助增進人際關係，不僅使朋友願意親近你，更可讓上司樂於採納你的意見，下屬願意執行你的命令。

德國著名的心理學家朱利安．佛斯特在《行爲語言的奧秘》一書中，曾特別指出母音的重要性。

例如，法國大革命時，巴黎民衆呼出的口號是：「走啊！走啊！把貴族們吊死在街燈上啊！」

就憑著語尾韻母的魔力，促使百姓成群結隊地加入革命行列，推翻波旁王朝的統治，能不令人感到訝異嗎？

朱利安．佛斯特更分析希特勒的演說，並提出疑問：究竟是什麼力量，驅使成千上萬的德國人，如同著魔一般，引發第二次世界大戰？

希特勒的演說內容，並無精采出奇之處，但是同樣的一句話，由他嘴裡說出來，卻能扣住每名聽衆的心，讓群衆心甘情願跟著走，不知不覺中成爲他利用以達成野心的工具。

不止希特勒一人，縱觀歷史，著名的演說家都是如此。一篇具價值的學術講述能否傳世，取決於演講者演說時的語調、聲音，如果能夠吸引聽衆的情念心理，引起共鳴，就是成功的。成功的政治家、軍事家的演說，說服群衆的關鍵，往往在於音調，而非內容。

在我們日常生活所使用的語言中，慣用口音大都含有仰慕、讚嘆、認同的意

味。喝采的時候，我們會發出「喔！喔！」的聲音，辭窮時，則「嗯……」地拖著音，英語中的「Y」和「I」也表達了類似的感情。這些音大都是人類最初的發音，裡頭蘊藏了豐沛的感情。

想成爲比希特勒更出色的演說家，必須加以善用。

由於口音和語調上的差別，兩句話的內容縱使全部相同，仍可能給人迥然不同的心理感受。

所以，同樣一句話，女朋友說出來，使你飄飄然，若換成上司講，你說不定會生一頓悶氣。

與朋友相處時，如何藉著合適的語言音調來表達自己的感情、心情、思想，是一門很大的學問。

以穩重聲線穩定場面

以穩重的姿態應答，將在不知不覺間，強制更改對方激動的語調。如此才能化戾氣為祥和，順利解開誤會，甚至轉敵為友。

許多語言學家都強調，無論問話或答話，都應該保持著冷靜沉著的態度，因爲在這種心態下，才能夠以低沉穩重的語氣說話，而這正是一般人比較容易接受的聲音與方式。

美國海軍和克尼庸大學的語言研究社，共同做過一項研究，在艦艇上以內部傳聲裝置進行試驗。結果證實了，發問者的聲音越大，回應者的音量也會跟著放大，也就是說你不客氣，我也不客氣；你的聲音大，我就要比你更大。

以話筒發號施令者的聲音大小，常常左右回覆命令者聲音的大小，同樣的，後

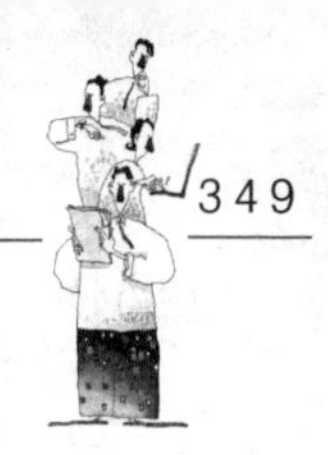

者也能夠影響前者。因此當對方一開始就以高昂強硬、亢奮激動的口吻說話，自己的回答就必須越發保持低沉穩健，否則無法繼續下去。

耶魯大學心理學教授卡魯博士，曾經以各種不同的談話模式，來測試學生們的理解程度，結果證明了一個道理：低沉穩重的語調，比起亢奮、熱情，甚至帶有脅迫、煽動性的言辭，更容易被學生們接受。

鈴木健二從前是日本NHK廣播電台的知名播音員，後來將累積了二十餘年「口語生涯」經驗，撰寫成《用心交談》一書，其中有句警語說道：「若想把自己的想法、意見，成功地傳達給對方，就要將彼此眼觀眼之距離保持在三十至五十公分，這是最適切理想的。但是，還有一件事必須特別注意，就是說話的聲音，必須比平常低一半。」

「低一半」當然不是非常科學的說法，低七個音階也不容易被一般人了解，只能解釋成聲音要放低，低到平時說話語調二分之一的程度。用「低一半」的方式對付情緒激動、來勢洶洶的人，最容易產生抑壓的效果。

和別人談話時，我們偶爾會操之過急，急欲表達自己的意見，不等對方的話告一段落，便倏然打斷。受到急於表達己見的心態影響，會在不知不覺中提高自己說話的音調，一改原來低沉、具有說服力的聲調，最後一路失控，變成潑婦罵街、相互謾罵了。

有效運用以聽者爲主體的姿態，也能夠產生驚人的效果。

一位主管說話總是慢條斯理、低沉穩健、細聲細調，如果不豎耳傾聽，絕對不知道他到底在說什麼。但是，聽話的人會因此全神貫注地聆聽，並在不知不覺當中贊成他的主張。

制服高音調的最好方法，是先冷靜下來，以低沉穩重且極其肯定的語氣和他交談，如此才能化戾氣爲祥和，順利解開誤會，甚至轉敵爲友。

以穩重的姿態應答，將在不知不覺間強制更改對方激動的語調。如果對方一開始便放大嗓門高談闊論，自己也不服輸地針鋒相對，對話勢必會陷入水火不容的困境當中，對雙方都沒有幫助。

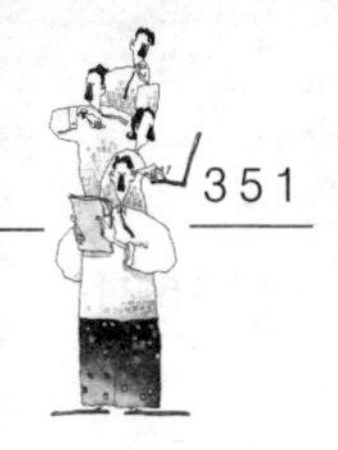

加深印象，更有說服力量

想要讓自己說的話更有說服力，務必要使語意生動明晰，才能深深打動聽者的心，進而獲得不同凡響的效果。

心理學上有所謂「意識化的法則」，意思是指：如果想要刻意加以否定或抑制，我們對某一事物的觀感、意識，在心理上必然會先感受到抗拒力。

有一種「反轉圓形」的小遊戲，相信很多人都玩過。在一張黑紙上印上幾個白色冠軍盃的圖形，接著將它急速轉動，只要一直盯著它看，就會看到上面不只有冠軍盃，還浮現兩張相對的面孔。

當然，這並不是實象，只是物與背景快速轉動所顯現出來的幻象。

以黑襯托白，白將顯得更白。將這道理運用在說話技巧上，便要懂得以否定表達更強烈的肯定，描繪出更深刻的印象。

「以否定表示更強烈的肯定」，若是運用得當，成效相當好。

有家香煙廠商製造的產品特別長，但在廣告上卻強調長香煙的不方便，結果產品的知名度因此提升，銷售量也直線上升。

某位高中生第一年考大學不幸名落孫山，第二年也榜上無名，經過第三回的努力，好不容易金榜題名，心中欣喜異常，立刻打電話回家告訴母親，但卻故意壓低嗓門說：「媽媽，我的成績不太理想！」

母親聽到那種聲音，緊張地追問：「又是名落孫山？」

「考是考上了，但……」

這位母親一聽，原先的失望、忿怒，一瞬間轉化成喜悅，意料之外的變化自然讓她的驚喜感受更加深刻。

以上的說話技巧，就是利用反面手法，達到更強烈的正面效果。

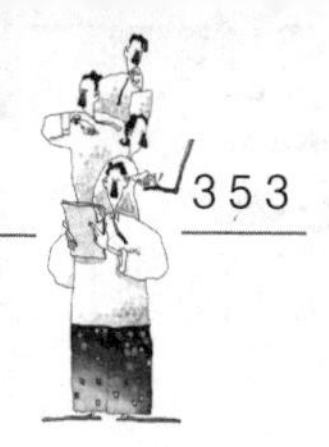

除此之外，想要讓自己說出的話更有說服力，務必要使語意生動明晰，才能深深打動聽者的心，進而獲得不同凡響的效果。

希臘哲學家阿拉佛雷德斯便主張：「生動並無一定的準則，唯有力求不斷變化，才是生動的本質。」

注重生動地傳達語言和思想，能夠讓想法表達得更加精采活潑、扣人心弦，富有生命力。

宣傳用的廣告文案，是企劃家們嘔心瀝血的結晶，其中最重要的就是「標題」，「內容」則次之。

「標題」的本意就在於具有吸引力，能夠先抓住觀者的注意力，接著才有興趣去看「內容」。這就是各大廣告公司往往極力尋求真正簡潔有力、富有吸引力的廣告標語的原因。

人的記憶惰性相當重，只憑單純事實顯然不夠，於是就有人故意捏造出一個形象，再透過各種媒介讓視聽大眾產生第二真實性的幻覺，這就是「疑似假冒」，在廣告中的應用相當普遍。

美國廣告界的先驅霍普金斯先生，撰寫文案的能力赫赫有名，他曾接受生力滋啤酒公司的委託，代爲設計一句廣告語。在參觀該工廠全部製造過程以後，經過仔細地思考，他擬出了一段廣告文案：「生力滋啤酒，經過絕對有效的殺菌消毒，所以最美味、最衛生。」

乍看平凡無奇，但強調了其他啤酒欠缺的衛生形象。生力滋啤酒就因爲這則廣告語，銷售量由世界第五位躍居第一。

可口可樂、百事可樂以及名牌汽車賓士等等，之所以能夠獲得世界各國消費者的喜愛，廣告標語肯定佔了很大的原因。

能夠做到簡潔有力、具有創意，就能成功吸引消費群體的注意。有辦法在消費者心中留下印象，行銷自然成功。

不僅限於商業領域，日常的人際相處同樣適宜運用這些方法，掌握其中的精髓，就能夠有效達成加深他人印象的目的。

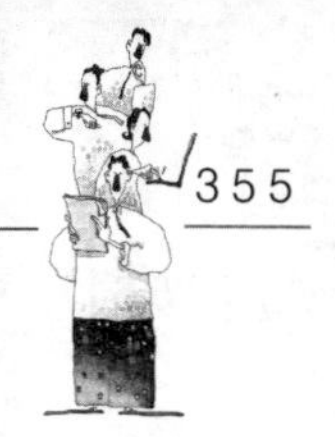

順水推舟，紓解憤怒與憂愁

不論正處於情緒激動還是苦悶憂愁，採用順水推舟，多能夠有效讓對方的情緒平復下來。

無端受到上司責罵的職員、沒來由被丈夫斥責的妻子，以及受了萬般委屈的子女，常會以辭職、離婚、離家出走等方式來面對問題。

事實上，這些衝突都不是什麼大不了的事，往往只是一時的氣憤、衝動，如果有人能夠適時予以開導，心裡積有鬱悶的人，多能化戾氣爲祥和，讓激動的情緒逐漸恢復平靜。

舉例來說，一個年輕人剛剛受到老闆的責備，正在氣忿塡膺的當頭，此時絕對不可以勸他：「別生氣了，既然是誤會，改天再解釋就好了。」

與其好言相勸，倒不如火上加油：「這傢伙怎麼這麼過分，你應該用力拍他的桌子，頂多是不幹了！」

聽了這番話，他會有什麼反應？多半會跟著說：「對對對，你說得對！我當然要辭職！」但等他說完了慷慨激昂的話以後，便雷聲大雨點小，不了了之，甚至感到後悔不迭。

相較之下，如果在一開始就採取勸服安慰方式，對方還在氣頭上，必定會說：「我一定要跟他鬥到底！」

這樣一來，情況更加僵持不下，不僅平息不了他的怒火，更會耗費許多不必要的精力和時間。

將同樣策略用在心情苦悶的人身上，也能收到不錯的效果。

美國愛荷華州的某座城市的市政府，有一項極具人情味的服務——開放二十四小時的電話交談。

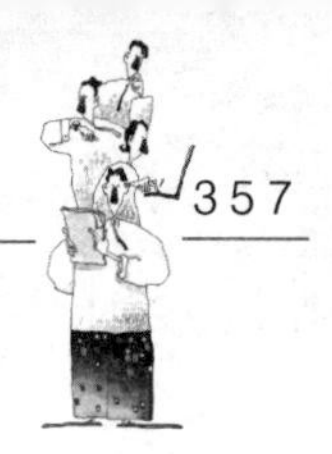

許多人樂於使用這項服務，藉以訴苦或是大罵，當然，大部份是孤單、寂寞的老人，他們往往在電話接通之後，便跟接聽的服務員像老朋友一樣毫不拘束、毫無矜持地暢談起來。

在這中心接聽電話的專家們公認，最得人心，最使老人們開心忘我的開場白，就是：「今晚我也和你一樣感到孤獨、淒涼、寂寞……」

這句話能有效產生共鳴作用，和對方的感情融合爲一，令對方感到心安，原來世界上寂寞的人並非只有自己一個。

別以爲這句話只是公式，事實上，這是將老人們從苦惱中解救出來的最佳妙方。就憑這句話，電話交談服務每年不知道造福、拯救了多少人。

不論正處於情緒激動還是苦悶憂愁，只要順著情緒走，採用順水推舟的語言安撫，多能夠有效讓對方的情緒得到平復。

坦承有助於驅除膽怯

立刻承認自身的膽怯，就能戰勝膽怯，於客觀立場評估自己、了解自己，同時儘快冷靜下來。

通常一般人在緊張的時候，會表現得相當反常，不僅無法將原本準備好的說詞完美地呈現出來，甚至連話都講不好。

面對這種情形，該如何解決？

推銷人壽保險的業務員貝德加，曾創下美國保險業的最高紀錄。成名以後，他在回憶錄中寫下自己的一段經驗：

有一次，為了爭取一筆巨額保險契約，他必須登門拜訪當時的汽車大王費茲。

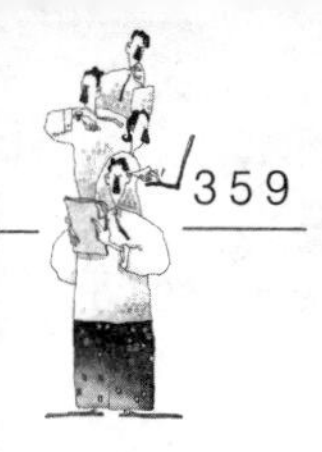

經過好幾趟的奔波，總算爭取到寶貴的機會，依照約好的拜訪時間，他被秘書引進豪華的大辦公室，見到了費茲。

想不到此時，他竟然一反常態地怯場了，身體顫抖不已，牙齒上下打哆嗦，無法讓自己鎮靜下來。

費茲察覺不對勁，便親切地問他哪裡不舒服。貝德加只好鼓起勇氣說：「費茲先生，我……我因為一直想來拜見您，今天好不容易……了卻心願，但……卻沒想到，見到了您，想說的話……都……說不出來了。」

貝德加結結巴巴地，把這句話講完，但不可思議的事情發生了，他原本畏懼的心理、緊張的感覺竟然全都消失，費茲的形象越來越清楚，桌上的煙灰缸也不再是兩個重疊的輪廓。

他鎮定地落了座，滔滔不絕地道出事先便準備好的話，終於順利贏得那筆巨額的保險契約。

貝德加的經驗告訴我們：「感到膽怯時，自己立即承認。」

這正是戰勝膽怯的最佳原則。在回憶錄中，他另舉了一個實例，以證明「在膽怯時，自己立即承認」這個原則的妙處。

一九三九年春天，天才演員馬拉斯・葉曼受邀在紐約帝國大廈演說，他一上台便嚇了一跳，台下一片黑壓壓的人群，肅穆的氣氛，完全把他震懾住，原先準備好的開場白瞬間忘得乾乾淨淨。

可是，他畢竟是個好演員，一開頭就自然地說：「啊！天哪！讓我大吃一驚，真沒想到有這麼多大人物齊聚一堂，叫我說什麼好呢？」

說完這句話後，他很快便鎮定了下來。由於立刻承認自己的膽怯，所以馬上戰勝了心中的膽怯，原本準備好的講詞也就輕鬆、自然、流利地完成了。

貝德加提出的這個原則的確有道理，通常只要在意識裡承認自己的緊張，就能夠站在客觀立場評估自己、了解自己，同時儘快冷靜下來，進而放鬆心情。這不但是一種說話技巧，也是心理學的常識。

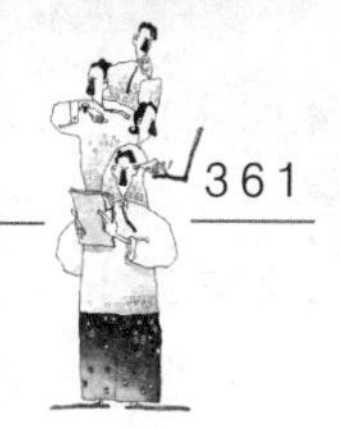

以「接納」將心防融化

因為自己表現出完全地接納，所以在無形當中，對方也會更容易接受你的意見和主張。

與人相處，難免會遇到有事求助於人，希望對方能夠同意、聽從、幫助自己的時候。怎麼做才能達到這個目的呢？

這是一門大學問，一場「讓對方聽話」的心理戰。

進行此類「心理戰」，一般可分為理論方法、心理方法兩大途徑。主張據理力爭，以大道理說服別人，稱為理論方法。理論方法通常難以使人心服口服，容易造成僵局。

心理方法則不同，常能收到意料不到的正面效果。

兩者相較，理論方法的成效普遍不及心理方法。

所謂心理方法，先決條件在於從談話一開始，自己就必須努力試著先同意對方的話，這在心理學上稱爲「接納」，是「非指導方法」的基本法則，在交談診療上使用得相當廣泛。

也就是說，即便對方的談話內容、主張、態度、情感、信念毫無可取之處，甚至不合邏輯、不合道德、違背情理，你也必須照單全收。

若眞能夠做到這一步，自然可使對方全然安心，轉而對你產生敬意，進而增進彼此之間的友誼。正因爲自己表現出完全地接納，所以在無形當中，對方也會更容易接受你的意見和主張。

「接納」法則的應用，不僅侷限於心理診療而已，在其他場合也能派上用場，例如身爲推銷員、店員，將此法則用在那些固執己見，具有極端優越感的客人身上，最能達到效果。

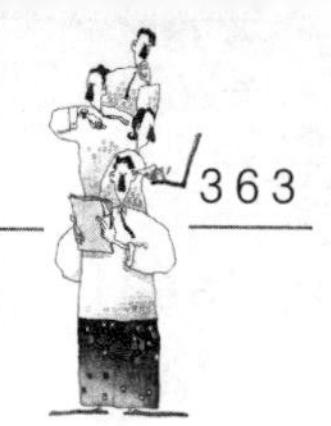

法。書上說：「必須把『您說得對』、『正如您所說』、『您的意思是』等作為開頭語，讓顧客們聽得心花怒放。」

《推銷指南》一書中有「應對的技巧」這一章，專門教導推銷員做生意的方

這段文字，清楚彰顯了採「接納」態度說話的妙處。

美國心理學家耶庫曼博士，曾做過一項改變學生意見的實驗。

他反覆地對反對廢止死刑制度的學生們說：「是如此嗎？好吧！」

最後，學生們居然全都改變了自己的初衷，同意他的看法。

由上述例子看來，與人意見相左時，不妨試著先「接納」別人，慢慢地，別人也就會「接納」我們。

喚起同理心，說服最有力

說服別人之前，要先讓他進入相同的情境當中，對問題感到關切，產生切身之痛。

「如果你是我，你會怎麼做？」

採用這種說法，正是說服技術的第一步。

這是一種利用「角色扮演」方式，讓對方產生互換地位、模擬立場感覺的技巧，藉此提高達到說服目的的可能性。

美國著名的人際關係專家吉普遜先生，有位好友官拜陸軍上將，他認爲這位好友之所以能有此成就，完全得力於具備超人一等的說服技巧。

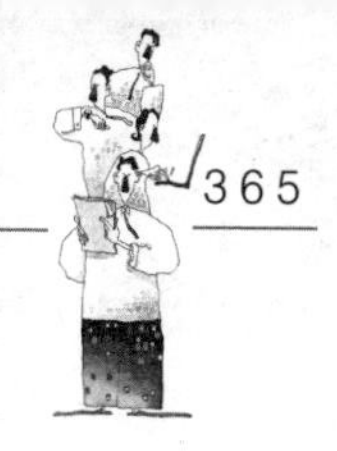

「我的朋友從小就憧憬軍旅生涯，希望能成為一代名將。高中畢業後，適逢一九二九年美國經濟大恐慌，人人被生活逼得走投無路，有志青年都一窩蜂地擠入免學費的西點軍校，有辦法的人，到處託人關說，把有限的名額全佔據了。我的朋友是個毫無背景的升斗小民，一點辦法也沒有，於是他四處打躬作揖，鼓起勇氣拜訪幾名地方上有頭有臉的人物。」

「他對他們這麼說：『先生，我是個優秀的青年，身體強健，有愛國情操，滿心想進入西點軍校報效國家，可是卻毫無辦法。如果您的子弟和我有相同的處境，請問你會怎麼辦呢？』」

「出人意料之外，這些有頭有臉的人物，經他這麼一說，十之八九都熱心地幫忙寫了推薦書，有的人更積極為他奔走，拜託國會議員，終於突破層層難關，讓他成為西點軍校的學生。」

人對於自己的事，總是懷著極大的興趣和關注力。這位年輕人若不以「如果您的子弟和我有相同的處境」作爲攻心戰術，這些地方上的有力人士，會願意幫他寫推薦書嗎？

非但不會，恐怕還會嗤之以鼻，不屑一顧吧！

正是憑藉著喚起「同理心」，這名青年為自己爭取到難得的機會。

說服別人之前，要先讓他進入與自己相同的情境當中，從而對問題感到關切，產生切身之痛。

在回答「如果你是我……」的問題時，人通常都會不自覺地把自己投影在該問題的中心，因此，答案自然然會為我們提供一個比較客觀的解決方法，這是最起碼的收穫。

請聽下面三句話，那一句較易為你接受？

一、快去做功課！

二、你該去做習題了！

三、來，我們去做習題吧！

一般人往往最喜歡第三句的語氣，認為第一句是最討人厭的說法。道理何在？

正因爲斥責性太強，命令味太重。

第二種是禮貌性的說法，唯有第三種眞正做到「拿人心比己心」，使人備感親切，進而產生附和、贊成的認同感。

這種語氣，能成功使說與聽兩者牢牢結爲一體，減少反抗的意識，縮短自己與對方的距離。

事實上，下達命令的老師、父母親，仍然是局外人，功課仍然必須由你自己完成，但是表現出來的態度和氣氛，卻不會令對方有置身在局外的感覺，自然而然能將抗拒心理降到最低。

以這種語氣對人說話，具有很強的說服性，能收到相當好的效果。

溝通智典

27

換個說法，就能改變對方的看法

作　　者　王　照
社　　長　陳維都
藝術總監　黃聖文
編輯總監　王　凌
出 版 者　普天出版家族有限公司
新北市汐止區忠二街 6 巷 15 號
TEL / (02) 26435033 (代表號)
FAX / (02) 26486465
E-mail：asia.books@msa.hinet.net
http://www.popu.com.tw/
郵政劃撥 19091443 陳維都帳戶
總 經 銷　旭昇圖書有限公司
新北市中和區中山路二段 352 號 2F
TEL / (02) 22451480 (代表號)
FAX / (02) 22451479
E-mail：s1686688@ms31.hinet.net
法律顧問　西華律師事務所・黃憲男律師
電腦排版　巨新電腦排版有限公司
印製裝訂　久裕印刷事業有限公司
出 版 日　2021 (民 110) 年 8 月第 1 版
ISBN◉978-986-389-782-8　　條碼 9789863897828

國家圖書館出版品預行編目資料

換個說法，就能改變對方的看法／
王照著.─第 1 版.─：新北市,普天出版
民 110.8 面；公分. - (溝通智典；27)
ISBN◉978-986-389-782-8 (平裝)

普天之下・盡是好書
普天出版家族
Popular Press Family
凌雲文創
A-Plus Creative Company